ぶっちぎり最終章 横浜銀蝿40th

講談社

CONTENTS

嵐 Ran

翔 Show

CONTENTS

TAKU

New Album「ぶっちぎり　アゲイン」制作秘話

Johnny

CONTENTS

座談会

嵐 Ran

Ran ／ Vo. & Dr.

生年月日 1955年4月15日生まれ
身長 167㎝
血液型 AB型
趣味 YouTubeなどネット動画を見ること
競馬（ホワイトフォンテンという馬は忘れられない）
特技 料理（特にカレーライスは絶品。
20代でレストランで働いていたので何でも作れる）

40周年を迎えて一言
お前らみんな年とったなぁ！　まだまだ行くからついて来いよ！

はじめに

横浜銀蝿のメンバーはもともと単なる車好きの集まり。暴走族と呼ばれてたけど、大きい音出すとみんなが見に来るじゃん、それが嬉しかったんだよね。リーゼントに革ジャンで仲間たちとつるんで走ったら楽しいじゃん、って集まってただけなのに、1978年に道交法が変わった。今後、2台以上でつるんで走ったら罪になるんだと。これじゃ、楽しみがなくなっちまう、っていうんで、オレたちはハンドルをギターに持ち替えた。音楽は、もちろん車を走らせながら聴くためのロックンロールでキマリ。

こうして翌'79年に結成されたバンドが「THE CRAZY RIDER 横浜銀蝿 ROLLING SPECIAL（ザ・クレイジー・ライダー 横浜銀蝿 ローリング・スペシャル、略してT・C・R・横浜銀蝿R・S・）」だった。要するに単なる目立ちたがり屋の集まりなんだから、そんな長期間、活動し続けられるわけがない。

だから'80年にデビューするときに「2年でシングル1位、アルバム1位、日本武道館を満タンにする」。そう目標を決めて、ゴールに向かって突っ走った。でも3つの目標のうちアルバム1位と武道館満タンは達成したけど、シングル1位だけはかなわなかった。シャネルズの「街角トワイライト」と寺尾聰の「ルビーの指環」に阻まれちゃってね(笑)。だからもう1年活動を延ばしたんだよ。そして'83年12月31日、3年3ヵ月間の活動をもって解散したんだ。もちろん、最終的には「あせかきベソかきRock'n Roll run」でシングル1位も達成させたんだけどな。

20代で完全燃焼したオレたちも、今年は全員60代。みんな還暦越えの仲間入りだ。解散から今日まで、それぞれに山あり谷ありの人生を送ってきた。オレなんか49歳のときに小脳梗塞で倒れて死にかけた。緊急手術で小脳を全摘出したんだよ。リハビリでこうやってしゃべったり歌ったりできるようになったが、昔と同じように両手両足を自由自在に動かして、きれいにドラムを叩くことは難しくなった。それでもロックンロールは止められない。仲間がいるし、何より最高に楽しいからな。

大病のおかげでずいぶん考え方も変わったね。一度死んだも同然だから、その後の人生はオマケみたいなもんだ。現役時代と変わらない部分もあるけど、時間の経過とともに変わったところもずいぶんある。それはおいおい話すとして……。解散から37年。結成40周年を機に、改めてこれまでの道のりを振り返ってみることにした。

芸能プロダクションの社長になってみた

嶋大輔や杉本哲太といったいわゆる銀蝿一家の面倒を見てたこともあって、オレは現役時代から「プロデュース」という仕事に漠然とした興味があった。小室哲哉とかつんく♂とかのさきがけだよな。だから銀蝿解散後は、裏方としてプロデュースの仕事をやってみたいと思ってた。

そんな気持ちを横浜銀蝿が所属してた芸能プロダクション「ユタカプロ」の社長に相談すると「ほんじゃお前このプロダクションやってみるか?」という話になった。'82年には「嵐レコード」というプロダクションを設立。解散後はユタカプロを引き継ぐ形で、芸能プロダクションの社長になったんだ。

嵐レコードには銀蝿の妹分として'83年にデビューした岩井小百合らが所属していた。岩井小百合は新人賞を総なめにした当時のトップアイドルだ。そんな人気者もいるんだから、仕事はすぐに軌道にのると踏んでいた。年4枚ペースでレコードを次々と出してね。'85年からは翔も本格的にソロ活動を開始。オレも音楽を続けていて、うまく転がっていけば大成功するはずだったんだ……。

ところが、だ。ヒットを飛ばしまくってた銀蝿時代からすると、「何で?」っていうくらい売れない。気が付いたら借金だけが雪だるまのように膨らんでいく。参ったね。でもイベント企画なんかも手掛けてたから、悪いときばかりじゃない。いよいよダメかと思うと、たまに打ち上げ花火のようにポンと企画が当たることがある。ただそうやって小ガネが入ってくると、すぐに借金で大変だったことなんか忘れちゃって、たちまち調子にのるんだ。そのまま飲みに出かけてはナンパしてみたり、新しい企画をやろうと懲りもせずまた人を集めたり、カネ借りに行ったりしちゃうんだな。

でもあの時代がすごかったのかな。銀蝿の名前に神通力があったのか、次々カネが借りられたんだからたいしたもんだ。

解散してからJohnny（以下ジョニー）やTAKU（以下タク）と会う機会はほとんどなかったな。ただタクとは日音というTBS系の音楽出版社にいた時代に会った。オレが大事MANブラザーズバンドのプロデュースをしていて「それが大事」が、当たりそうだって手ごたえを感じてた頃だ。あれはオレ的に大ヒットだったからな。久々に会ったタクに「どうだすげえだろう」とちょっと自慢気に言ったんだ。そしたら「いや、うちの槇原敬之のほうが上だ」って言い返されたのをよく覚えてるよ。

タクは、その頃、日音でデビュー間もない槇原を担当しててよ、「なんだ、この野郎」って思ったんだけど、タクの言う通りだった。その後槇原は本当にすげえ売れっ子になったから。でも、タクと会った頃はまだ駆け出し。確かに楽曲はすげえよかったけど、ビジュアルが物を言う時代だろ。お世辞にもカッコいいとは言えない槇原が、まさかあんなに売れることになるとはなあ。「絶対すごいことになる」って言ってたタクのほうが「人を見る目」があったってことだ。

ばっちり儲かったこともある

そんなふうに、仕事は、うまくいったり失敗したりを繰り返していたが、しばらくして、オレはふと閃《ひらめ》いた。音楽ビジネスに欠かせない権利関係をひとつにまとめちゃおうと。レコード会社、音楽出版社、プロダクションなんかの権利を全部とりまとめられれば、あれこれややこしい契約問題もすぐにクリアできるし、制作から宣伝まで、自分のところで一括して全部できちゃう。これなら、がっぽがっぽ儲かるに違いないもん。自分のアイデアに思わず膝を打ったね。で、'99年秋に「シルバーレコード」というレコード会社、レーベルだね、を立ち上げ、翌年「ハリケーンミュージック」という音楽出版社もつくった。それに嵐レコードっていうプロダクションがあるんだから。これでアーティストをブレイクさせる仕組みが完璧に揃ったわけだ。

やってみたら、さっそくヒットが出た。一番オイシかったのは「卒業」というアルバムだね。大した努力もせずにいきなり10万枚も売れたんだから。

「卒業」はTBS系の教育バラエティー番組「学校へ行こう！」の「癒し系ミュージシャン発掘コーナー」がきっかけで生まれたCD。このコーナーがブームになるほど人気が出たんで、それじゃCDでも出してみるかと、安易な気持ちで企画。とんとん と話が進んで発売することになったんだ。

歌っているのは有名人でもなんでもなくて、番組でとりあげられた素人同然の歌い手たち。でもテレビ局からCDの宣伝に際して番組名を使うことを禁じられてしまった。がっくりきたよね。ダメかなと思った。だって番組名使えないんじゃ宣伝材料が何もない。てっきりコケるものとあきらめかけていたが、口コミで「学校へ行こう！」のCDが出るという噂が広まっていった。そして出してみたら、あれよあれよという間にヒットしちゃったんだから、世の中わからないよな。

これは後日わかったことなんだけど、CDを買ってくれたのは実はジャニーズファンの女の子たち。ホラ、番組にジャニーズ事務所の人気グループ「V6」が出演してただろ。それでV6が歌ってるものと勘違いしたファンがこぞって買ってくれたんだよね(笑)。でも、そんなこと最初はわかんなかったから、なんでこんなに売れるのかさっぱりで。毎日何千枚も注文が入り、じゃんじゃん売れていくんだからつくったオレたちのほうがびっくり。ほんとにこんなに簡単でいいのかよってくらい儲かった。

だんだん借金まみれに

このときは、ばっちり面白いようにコトが運んだけど、決定的な誤算があった。3社も会社を経営してると、調子いいときは確かに儲かるけど、ちょっとでもうまくいかなくなると、ドミノ式にバタバタとダメになっていくんだな。そういうリスクを全然計算に入れてなかった。

売れた売れたとバカみたいに喜ぶだけで、入ってくるカネを次への投資に回すとか考えてなかったんだ。新人育成とか新しい機材を入れるとか、やることはいっぱいあるだろ。業界的に言えばテレビ局やラジオ局の人たちを飲みに連れて行くとか、「卒業」の企画を紹介してくれた放送作家を接待するとか。本来社長としてやったほうがいいことを、一切しなかった。ゴルフもやらなかったし、営業のやり方も全然知らなかったしね。要するに、将来を見据えた戦略がまるっきりなかったってことだ。

今にして思えば、あのとき、ちゃんと人脈をつないでおけばよかったんだよな。信頼関係を結んでおいて、次の仕事へつながるよう努力すべきだったと思う。

やがてブームが下火になると、ヒット作にかかわった人間関係もそのまま消滅しちゃった。おかげで当時のオレは業界内の評判が相当悪かったらしい。「あいつはオイシイとこだけ持ってってって、誰にも恩を返さなかった」って。オレのほうにまったく悪気はなかったんだが、ずいぶん後ろ指を指されてたようだ。

その後、つくってもつくっても全部ハズレで、何をやってもカスリもしないときに、手を差し伸べてくれるような人とのつながりを残せなかったのは失敗だったね。

オレは自分の好きなことや面白そうなことは一所懸命やるけど、そもそも、営業とか計算とか苦手なんだよな。

ほら、横浜銀蝿がデビューするまで36回オーディションに落ちまくって、やっとこさデビューした経験があるだろ。もちろんいい楽曲がなけりゃどうにもならないんだけど、自分たちが苦労した分、若いヤツらが目をキラキラさせて「嵐さん、オレら、CD出すために一所懸命ガンバります!」なんて言ってくると、ついつい「おー、わかった、オレがやってやるよ」と請け合っちゃう。

そこがオレのダメなところなんだよね。安請け合いでCD出しちゃあ、全然売れずに、毎回失敗する。頭ではわかってるんだけど、性格だね。全然直らない。おんなじこと繰り返して、挙げ句の果ては在庫の山だよ。

はっきり覚えてないけど、借金は結局7億円くらいまで膨らんだ。どうしたかって?　そりゃ返せるものは返したよ。それにオレだって何年も社長をやってるわけで、多少は業界内での恩の返し方を覚えたから、返せないところは、カネじゃなくても何か別の形で返した。

まぁ、カネのことならなんだかんだ言いつつも、なんとかなるもんだ。借金ったって命のやりとりじゃないんだから。今だって1億貸すって言われたらすぐ借りちゃうよ。カネのことなら全然平気なんだよな。第一、仕事そのものは楽しかったしね。仕事は楽しんでやらなきゃ。真面目くさって出したCDなんかなかなか売れないもんだよ。意外と苦し紛れの思いつきでつくった人妻ヌード写真集が売れたり、ジュリアナ東京でヤンママを集めてやった、託児所付きのイベントなんかは会場がパンパンになる大成功だったしさ。困ったなあと思ってると、なんのめぐり合わせかポンと当たりが出る。面白いもんだよな。そうして結局、倒産せず今日まで持ちこたえてきたんだから。

最初の女房とは離婚したんだ

とはいえ、いつも元気いっぱいってわけじゃなかった。

オレは解散してすぐ、'84年に結婚した。2度結婚してるから最初のカミさんだね。'86年、'89年と娘が生まれたんだけど、上の子が12〜13歳の頃に離婚した。

浮気が原因かって？　なんでオレが悪者だって決めつけるんだよ。そうじゃない。まあ、よくある性格の不一致ってやつだね。

で、離婚したとき女房に「自宅にあるものは何でも持って行っていい」と言った。確かにそう言った。そしてオレは一銭も持たずに家を出た。しばらくして戻ったら自宅に残されてたのは本当にゴミだけだった。ワハハ。仕方ないから運送屋やってる友達にゴミを運び出してもらってね。

二人の可愛い娘たちは当然のように女房についていった。家族4人で男はオレ一人だろ。こういうとき男親って孤立するよな。女3人はすごく仲が良かった。娘のどちらかがパパのこと嫌い、と言えば、私も私も、だから。女房と娘たちの結束は強いよね。オレだけが嫌われてね、その後もほとんど会ってもらえない。

カネもないし、娘たちにも会えない。こうなるとさすがのオレも落ち込んでね。離婚直後は最悪だったんじゃないかな。信じてもらえないかもしれないけど、その頃は部屋の隅っこでどよーんとしてた。ほんとにこうやって一人寂しく膝を抱えてたんだよ。

カネもすっからかんになって、カードの引き落としもできない。どうしようもないっていうんで、離婚後すぐに友達から50万円借りた。そうやって小ガネを手にすると、オレの悪い癖がすぐ出ちゃう。現金なもので、万札を見るや落ちこんでた気分もたちまち回復。借りたカネを持ってすぐに飲み屋に直行だ。あ。そういえば、あの50万、まだ、返してなかったかな。友達だから、ま、いっか。

でもカネを借りるのはもっぱら仕事相手だったな。タクやジョニーに借りにいこうとは思わなかった。いくらカネに困っても元メンバーからは借りられなかったなぁ。こんないい加減なオレでもそれだけはしちゃいけないと思ってたんだと思う。ま、これから先はわかんないけどな。ドハハ。

オレ血液型がAB型だからなのか、気持ちのアップダウンが激しいんだよ。飲み屋でナンパして女ができれば、すぐに調子に乗る。カネがなくなれば、たちまちしょぼんと膝を抱えちゃう。

離婚後キツかったのは、小学校のそばを通りかかったときとかだな。運動会なんかやってるのを見ちゃうと、会えない娘たちのことを思い出してね。あと公園で親子がキャッチボールなんかやってたりするじゃん。ああいう姿が、心底うらやましかったね。女の子だからキャッチボールなんかやったことはなかったのにな。仲良し親子が視界に入るたびに、娘たちのことを思い起こして元気にやってんのかな、とか考えてさ。コタえたね。やっぱり寂しかったんだよな。もっともその寂しさを埋めるために、また飲み屋通いして、次の女を探すわけだけどね。ワハハ。

ハチャメチャに遊び、飲みまくったバブル時代

現役時代はあんまり飲まなかったけど、横浜銀蝿が解散した後はよく飲むようになったよね。

最盛期は六本木に70本ボトルが入ってた。まだキャバクラと呼ばれる前だったけど、ま、おネエちゃんのいるクラブだったな。一日に1軒回っても2ヵ月かかるんだぜ。ボトルはぜんぶオールドパー。ボトル入れて3万円、座って3万円、友達も行けばまた3万円。だいたい一軒あたり9万円だ。それを一日3軒くらい回る。あ、もちろん全部オレが支払うわけじゃないよ。嵐レコードの社長として接待なんかで行くんじゃなくて、完全に自分たちが楽しむための酒だから。仲のいい友達と行って割り勘。3人で行くときは「1軒目はお前払え、2軒目はそっちのお前な。3軒目はオレが持つ」と順繰りに支払っていく仕組みだったんだ。ただオレが金欠になったときだけは2軒目を出たところで「じゃあね。今日は、ここで解散」って帰っちゃう。グフフ。これならカネがなくても飲みに行けるからね。みんなわかってたはずだけど、それでイヤな顔されたこともないし、不思議とオレを3軒目担当から変えることもなかったんだから。トモダチって大切だよ、有り難いよな。うん。

本当によく飲んだな。酒に関しては不死身かっていうくらいにね。六本木辺りでのクラブ活動は自宅から遠い店から順番に回るんだけど、そのあとオレには〆の4軒目があるんだ。最後の仕上げとして、自宅の向かいにある居酒屋に必ず立ち寄った。

4軒目の店なのに、1ヵ月で焼酎のボトルを四十何本開けちゃうんだからすさまじいよな。「ウーロン割り」と呼んでたけど本当はウーロン茶なんかほとんど入ってない。実態は「ウーロン茶の焼酎割り」だった。

タバコもスパスパ。ショートホープを一日100本だ。

食生活もものすごく偏っていたよね。昼はどんな店に入っても、メニューも見ずに、必ず「ミックスフライ定食」をオーダー。揚げ物としょっぱいものが大好きで、醤油なんか飲むほどかけて。なじみの定食屋の豚バラ肉の天ぷらが大好きだったね。これに醤油をどばどばかけると最高なんだ。

あとはとんかつの3度揚げだな。行きつけだった近所の新丸子の店が、オレのわがままをきいて特注メニューをつくってくれるんだよ。豚肉に溶き卵とパン粉をつけて揚げる手順を、3回繰り返したやつ。パン粉を3度つけて揚げてるから、衣は3層。衣が豚肉と同じくらいの厚さがある分厚いとんかつになるんだ。これが、うまいんだよなあ。

そんなもんばかり食べてたんだから身体にいいわけないよ。ただ、もともと子供の頃から病気知らずで、両親も病気らしい病気はしたことなかった。おふくろは酒こそ飲まなかったけど丈夫だったし、何となくオレだけは大丈夫と思ってた。健康に関してはなぜだか自信があったんだよね。

不摂生のつけが回って死にかけた

そんな暮らしを49歳まで続けてたオレだが、'04年のある朝突然、めまいに襲われた。たまたま疲れでも出たのかな、とその日は仕事に出かけ、帰りにはいつも通り、近所の居酒屋に立ち寄ったんだ。

「今日、すごいめまいがしちゃってさ」と店の親父と話してたら、たまたま隣に座ってたのが日本医科大学武蔵小杉病院、つまり大学病院の放射線科のお医者さんで、「それ危ないから、すぐにうちの病院に来たほうがいいよ」と強く勧められたんだ。

それじゃあ、大学病院への紹介状を書いてもらおうと思って、さっそく翌日近くの町医者に行ったんだよ。そしたら待合室に入ったとたんに壁がぐるんぐるん回り出した。「あれ～?·」って感じだったね。もう、普通に立ってなんかいられないんだよ。ぶおおおって視界が横に回るんだから、ただ事じゃないよな。

それでも近くの医者からいったんはタクシーで帰宅したんだ。ところが夜になっても気持ち悪いし、めまいもひどい。どんどん具合が悪くなって、こりゃヤバいっていうんで、ついにその夜、救急車で大学病院に運ばれることになったんだ。

血圧測ってもらったら300近い異常値。看護師さんの「脳梗塞ですよ」みたいな慌てた声が聞こえて、ああ、もうオレはダメなんだなと思いながら、ストレッチャーに乗せられた。そこらへんまでは覚えてるんだけど、あとは意識を失った。それが土曜日で、次に目覚めたのが火曜日。その間の記憶はまったく飛んじゃってるんだ。

思えば、それまでも近所の医者から高血圧だって言われて、薬も処方されていたけど、もらうだけでほとんど飲んでなかったしな。

あとから聞いた話によれば、救急車で大学病院に運ばれて、そのまま精密検査。それから6時間の緊急手術をしたらしい。病名は「小脳梗塞」。頭蓋骨を切って壊死した小脳を取り除くという大手術で小脳を全摘出しちゃったんだよ。「会わせたい人がいるなら今のうちに」と医師が言うほど、三途の川寸前の状態だったようだ。

目が覚めたら頭やら腕やら体中から管が出ていた。何かしゃべろうとしても「う――」とうなり声が出るだけで全然、言葉にならない。しばらく経って、やっと看護師さんに声をかけることができたのは鮮明に覚えてる。「おしっこしたい」って。そしたら「どんどんしてください」って言うんだ。え？　自分じゃわかんなかったけど、尿道も管につながってたんだよ。いよいよ、これで終わりかなと覚悟したね。ただ、こんなスパゲッティーみたいなのがつながったまま死ぬのはみっともねえなぁと思った。

それまでのオレは、どんなことが起きても、物事を前向きにとらえようとしてきたんだけど、このときばかりは違ったね。ベッドから起きられないし、起きてもふらふらする。小脳がないと上下がわからないから床に落ちたペンすら拾えないし、自分じゃ何にもできないんだよ。まったくもって絶望的な気持ちになったよね。

だけどみんなが心配して病院に駆けつけてくれたのは嬉しかった。ジョニーはメロンくれたし、タクもヨーグルト持って何度も来てくれた。メロンなんて人生でなかなか貰えないよ。ジョニーは見舞いに来てる姿もカッコいいんだから。ったくやんなっちゃうよ。でもやっぱり来てもらうと病人て励まされるんだよな。

手術から何日かすると、リハビリが始まった。お箸で小豆をつまむ訓練も、最初は全然できなかったけど少しずつ上達。人間いくつになっても、やれなかったことがやれるようになっていくのは嬉しいもんだよね。

命を救ってくれたけどやっぱり病院は退屈で嫌い

手術したばっかりのときは、せっかく助けてもらった命だからと、おとなしく入院してたんだけど、2週間もするともう入院生活って退屈極まりなくてね。

オレは自宅でもそうだけど24時間、寝てる間もテレビをつけているんだよ。夜中でも寂しくなるからテレビは消さない。むしろ熟睡中にテレビを消されるとぱっと起きちゃうくらい。病院でもつけっぱなしだから、テレビ代だけで一日2400円もかかったよね。

オレの経験からすると、入院するなら大部屋のほうが圧倒的に面白いよ。一人部屋だとホントつまんない。いろんな人がわがまま言ったり、家族を困らせたりしてるんだけど、大部屋のほうがリアルな人間ドラマを見てるようで気が紛れるからね。

そういうオレだって退院させろと駄々をこね始め、脱走を試みたこともあったりしたんだけど、先生に「ダメダメ」とひき止められてね。ひと月くらいでようやく退院することができたんだ。

金銭的には保険が役立ったよね。オレが20歳になったとき親父が「保険をかけてやる」と言ってくれたのは覚えていたんだけど、それが思いのほか好条件だったんだ。親父さまさまだった。保険ってかけとくもんだな。

退院してからも後遺症があっていろいろ大変だった。小脳は平衡感覚をつかさどるところ。その小脳を全部取っちゃっただろ。脳梗塞のときみたいなぐるぐる回るようなめまいはなくなったんだけど、ふらつきがあって、まっすぐ立つのが難しいんだ。レントゲン撮るだろ。そうすると小脳がないから、そこだけ真っ黒なんだよ。手術のとき、頭蓋骨の一部を取り除いたわけだけど、そこは頭蓋骨がないまんま。てっきりセラミックかなんかでふたをするのかと思ってたんだけど、それもしてくれない。だから頭の後ろがいまもベコベコしてるんだよ。不安だ、って言ったんだけど医者は、首の後ろの筋肉で支えられるから大丈夫だ、って。ただ頭触ると柔らかいところがあって、なんだか気持ち悪い。最初の頃は頭の形もベコベコ凹んでて変だったけど、今は形も戻ってきたよ。

ちなみに、取った脳みそは捨てちゃうんだって。医者に言いたいよ。脳みそ返せ、この野郎って。ドハハハ。

後遺症は今も残ったままだ

病気の後遺症は16年経った今もまだ残ってる。だいぶ良くなったけど、右手と右足の動きはまだ完全に復活できてなくて、練習しているところだ。ドラムは両手両足がきれいに動かないと駄目なんだけど、まだ昔のように動かせるところまではいってない。

ただ退院したばかりの頃は右手の握力が落ちちゃって、ドラムのスティックを持つことすらままならないくらいだった。何度持とうとしても手から転がり落ちちゃう。ああ、もうドラムは無理なのかなと思うと涙がこぼれたよ。それを思えば、今はステージに出るまでになったんだから、ずいぶん回復したと思う。

よく、翔の事件が病気の引き金になったんじゃないかって言われる。でもそれはない。オレの日頃の食生活見たらわかるだろ。原因は自分の不摂生だよ。もちろん翔の事件は大変だったけど、自分の病気と結び付けて考えたことはないな。

翔が覚せい剤で逮捕されたと聞いたときは、あきれちゃったけど怒ったりはしなかった。

やっちゃったことはもうしょうがない。それより何よりもまずオレはあいつの身体が心配だった。それに、あいつは昔からおふくろっこで可愛がられてたんだけど、そのおふくろがショックを受けちゃって、泣いてばっかりでね。それを慰めたり、なだめたりするのが大変だった。

あとは普通に、嵐レコードの社長として会社がヤバいなと思った。あの頃は山のような借金してたから、これからどうやって返そうか、と頭を抱えたよ。翔はうちの所属歌手なんだから、あいつが活動できなくなるってことは、収入源がなくなり、カネを返す当てがなくなるってことだ。

当時うちは、翔以外にもタレントを抱えていたから、ほかのアーティストにも事情を説明しなくちゃならない。北海道の女の子を集めたＡＫＢ48みたいなアイドルグループがいたんだけど、彼女たちはもちろん、その親御さんだって動揺してるに違いないだろ。だから謝りに行ったよね。北海道まで飛んで、メンバーの女の子たちの実家を一軒一軒回ってね。頭下げて謝るしかないよね。結局、どこの親御さんも大騒ぎすることはなく穏便に済んだけど、そういうときこそ社長のオレが出て行ってちゃんと対応しとかなきゃと思ったんだ。

人生に逆境はつきものだけど、逃げちゃダメ。借金も事件も、逃げると余計事態は悪くなっちゃう。何事もしっかり向き合うことは大事じゃないかと思うんだ。

満身創痍の身体と生きていく

ただ、翔の事件だって、ヤバいヤバいといっても所詮は翔のことだ。オレじゃない。だけど病気だけはどうにもならない。病気で痛いのはオレ、調子悪いのもオレ。こればっかりは逃げられないじゃん。

脳梗塞は手術後きちんとリハビリを続けているから少しずつだけどよくなっているんだ。ところが、それまでほとんど医者と付き合いがなかったのが病院通いをするようになって、隠れてた病気が次々と見つかっちゃったんだ。痛し痒《かゆ》しだろ。糖尿病に、腎臓病、胆のう結石と、もう満身創痍なんだよ、オレ。なかでも一番大変なのは腎臓病で避けて通れない透析だ。

とくに「血液透析」は以前なら週3回病院に行って、毎回4〜5時間の透析をやらなきゃいけなくて負担が大きかった。体質的にもオレには合わなかったのか、病院に行った当日はもちろん、翌日も使い物にならない。すごく疲れてぐったりしちゃうんだよ。

今は「腹膜透析」といって自宅で夜、寝てる間にやる方法もできたから、闘病生活も少しマシになった。これはカテーテルを使い、お腹の中に入れた透析液を交換することで血液をきれいにするやり方だ。それでも毎日、7時間かかるんだよ。

今みたいにレコーディングや取材で朝10時集合なんて日があると、透析の時間を逆算して、前日は早めに帰宅しなきゃいけない。だから夜出かけると帰りの時間が気になるようになった。夜11時過ぎにはだいたいお先にって、帰らせてもらうようにしている。もう昔みたいに、のびのび夜遊びなんかできない身体になっちゃったんだよ。

カテーテルとつながってるだけで落ち込む

身体の調子がいいときは、銀蠅40thだ、おおバンドの練習やろうやろう、と積極的になれるけど、体調が悪くなると一転して、気持ちが凹んじゃう。オレこんなことやってる場合なのか、とか40周年もいいけど本当に体力的に持つのか、なんて思い始めるんだよ。

夜になるとお腹の中にカテーテルを突っ込んだまま7時間の腹膜透析をしなきゃならないだろ。お腹に直接カテーテルをつないで新しい透析液を入れて、老廃物をため込んだ古い透析液を排出する。これを続けていかないと、生き続けてはいけないわけだ。

夜中に目が覚めて便所に行こうにも、まず脳梗塞の後遺症ですぐに起き上がることができない。何とか自分の身体を起こして、立ち上がろうとしても、天地左右が乱れてフラフラする。そして、ベッド脇のスタンドからお腹とつながったカテーテルと透析液の袋を持って、便所に向かう。夜中は何をやるにも腹から出たカテーテルが一緒にくっついてくるんだよ。

身体とつながったカテーテルを見てると、つくづく嫌になる。たまったもんじゃないよ。一度気持ちが凹むともうマイナス思考になっちゃうし、オレももうすぐ死ぬんだな、とか物事を悪いほうへばかり考えがちになるんだ。人間の気持ちは体調次第でずいぶん違うもんなんだよな。

いろいろあるが家族は心の支え

なかなか会えない娘たちだけど、今年34歳と31歳になるのかな。上の子は結婚して、孫も生まれたんだけど、まだ生まれたばっかのときの写真しか見せてもらってないんだよ。もう小学生になるって時期なのにな。どうも、旦那側のおじいちゃんが、初孫だからかわいくってたまんないんだろうな。ランドセル選んであげたり、机買ってやっ

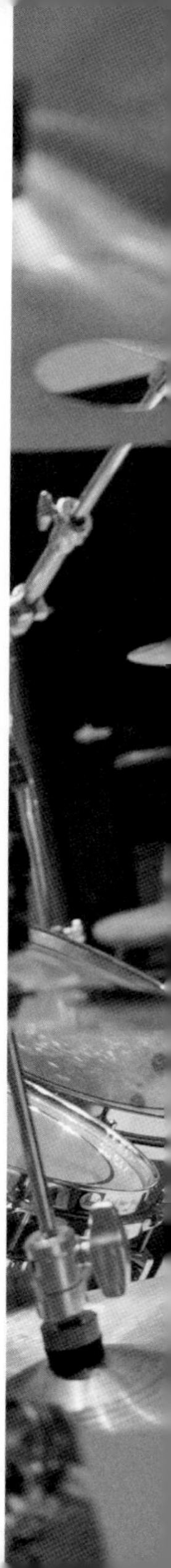

たり、大変なかわいがりようらしい。本音を言えばオレの孫でもあるんだ、って主張したいところだけど、離婚したオレが今さら何言ってるんだ、って非難されそうだから、我慢しておとなしくしてる。

娘がオレのことを嫌いなのはわかってる。だけど、そろそろ雪解けしないかな。孫に会わせてもらえたらいいなあと思ってる。まあ、それはオレの勝手な願いであって、世の中そんなに甘くないみたいだけどな。

ただ、オレが脳梗塞で緊急手術することになったときは、元女房と娘たちが病院に駆けつけてくれたらしい。記憶が混乱してて、はっきり覚えてないんだが、とにかく病院に3人で来てくれたようだ。そりゃ、離れていても親子なんだし、もともと惚れて一緒になった女房なんだから、来てくれたって聞いたときはやっぱり嬉しかったよね。

そうそう、オレは病気の後'12年に再婚したんだよ。今の女房は22歳下。再婚することになったきっかけは'02年に、ステージから落っこちて足を骨折しちゃったこと。日常生活にも支障が出て、一人でどこにも出かけられなくなったんで、ちょっと手伝ってくれないか、と事務所を手伝ってくれてた女の子に声を掛けた。そしたら、何を思ったか、1週間分の着替え持ってうちに転がり込んできちゃったんだ。そのまますーっとオレんちに居続けて10年。それで入籍することにしたんだ。

うちは2番目の今の女房が若いからいろいろ安心なんだ。老後を見越して結婚した、とか言うと世間から叩かれそうだけどな。ワハハ。でも若いといざというとき頼りになるだろ。出会ったときは40代と20代だからずいぶん年齢が離れてると思ったけど、もう60代と40代だから年の差は感じなくなったよな。

正直、オレは自分のことでいっぱいいっぱいだから、親の介護とかどうしようかと心配もしてたんだ。友達の話を聞くと、この年になるとけっこう大変そうな奴も多いしさ。でも、うちの両親は、こんな言い方もなんだけど、長患いせずに亡くなったから、ありがたいことに介護の苦労はなかった。この間おふくろの一周忌と親父の七回忌をやったばかり。

親父も最後は高齢者向けの施設に入ってたんだけど、その中でナンパを繰り返していたらしい。独身だって嘘ついて。ガハハ。でもなぜか嘘がバレて、奥さんいるんですねって責められて。揉めたご婦人と同じ階にいられなくなって部屋を替わったりしたんだって。最近、そんな親父に顔が似てきちゃって。ちょっとヤバいなと思っているんだ。そんな親父が逝ったあと、おふくろのほうも一人にしておけないんで、近所の施設みたいなところに世話になった。そのときも、翔は毎日のようにおふくろのとこに通ってたな。翔はおふくろとすごく仲が良かったんだ。

今、満身創痍のオレを一番慰めてくれるのが愛犬レイトだ。おふくろの葬儀の帰り道、たまたま立ち寄ったペットショップで目が合って飼うことにした。トイプードルのオスなんだけど、これがめちゃくちゃ可愛い。家に来たときは600gしかなくて、ほんとちっちぇえんだけど、健気な目でオレを見るんだ。もうたまんないよ。

外出先でも携帯で自宅にいるレイトの様子が見られるようにしてるんだ。気持ちが凹んだときなんか、オレの周りをうろちょろして、気を紛らせてくれる。つぶらな瞳が娘や孫と会えない寂しさや、病気の不安から救ってくれるんだよ。

40thの活動とレイトと今のカミさんが、オレの支えになってるのは間違いない。

振り返るとまともだった横浜銀蝿

'80年にデビューしてからの横浜銀蝿の3年3ヵ月間って、4人のメンバーがほとんど毎日一緒にいたんだよな。練習、ライブ、レコーディングはもちろん飯食うのも移動も、何から何までずっと一緒。これって、甲子園目指して死ぬほど頑張った野球部員のつながりと似てる気がするんだよ。最後の決勝戦だけは勝てなかったけど、一緒に甲子園行ったぞっていう強烈な仲間意識っていうのかな。そういう関係って簡単にはなくならない。

今思うとオレたちのコンサートは、席から立つと後ろの人が見えなくなるから立たないように、とか学校への不満を話し合う対話集会をやったりして、実はすごくまともだったんだよ。イメージが悪かった分、ホントちゃんとやろうとしてたんだ。

警察に目を付けられたのも、実はアナーキーってバンドが会場の椅子を実際にぶっ壊しちゃってたからなんだ。コンサート会場がかぶることが多かったんだけどアナーキーがコンサートやった後、オレたちが同じ場所に出かけていくと、警察が待ち受けてるってことになってたんだよな。

でもオレたちがいろいろ苦労している間、なぜかシャネルズだけはちゃっかり、問題なくコンサートをやってたな。あいつらだってオレたちと大差はなかったはずなんだけどな(笑)。何が言いたいかっていうと、白い目で見られてたけど、不良には不良のルールがあったってこと。オレたちのファンはみんなすごくまっとうですよ。みんな家族は大事にするし、親孝行もしてるしな。その辺の半端な優等生だった奴なんかよりずっと心根が優しいんだ。

あと思うのは、若い頃多少やんちゃしてた奴は「上昇志向」とか「こだわり」があるじゃん。例えば「車」っていう趣味でも、いい車ほしいって気持ちが働く意欲につながったしさ、愛車がある奴は愛を持ってるってこと。お得かもしれないけどさ、今どきのカーシェアリングではダメでしょ。だってそこに愛はないじゃん。

横浜銀蝿40thなら負けるわけない

そんなふうに実はまっとうに頑張ったオレたちの信頼感は、厚みが違うんだよ。活動期間が短くて、なんのわだかまりもないまま解散してるから、時間が経っても関係はそのまま。

今回は翔とジョニーが久々に会って、盛り上がったのがきっかけで40thが実現した。ジョニーが入って完全に昔の音を思い出したよ。懐かしかった。ギターの音って、ギタリストによってそれぞれ全然違うんだよ。あいつの音を聴いたとき、すぐ昔の感覚がよみがえった。タクの特徴的なベースラインもぐっといい感じにさせるし、バランスがよくなったよな。ジョニーのギターが入るとサウンド全体が優しくなるんだよ。巧い奴はたくさんいるけど、ほかのギタリストじゃ優しさが足りないんだよな。今回もレコーディングしてて、なんてあったかい音なんだと感動したもん、オレ。あれはジョニーの性格、持ち味の音色だね。

40年前、キングレコードと契約したときに、お偉方を前に「どうだ、オレたち、カネのにおいがするだろう」って言ったんだ。そのくらい売れる自信満々だったけど、あの自信がよみがえってくるようだった。この4人で負けるわけないな、って。

オレのなかで、銀蝿としてやり残してることもある。本当のことを言えば、NHKの紅白歌合戦も出たかったしな。今年の大晦日、40thの締めくくりで出られたら最高なんだけどね。

九死に一生を得て、人間って死ぬんだ、と知ったことで人生観は変わった。ドラムもできないなら、食生活を改善するより好きな揚げ物を食いたいだけ食ってから死にたいなんてヤケクソになった時期もあったけど、今は40thの活動が加わっただろ。そうなるとやっぱり、音楽やるために健康を取り戻さなきゃいけないと思ったしな。

まだまだやりたいことがいっぱいあるんだ。音楽だって続けたいし、全然違う仕事や遊びの出会いもほしい。第一、まだ食ったことのない料理だっていっぱいある。やり残したことは全部やってやろうと思うんだ。

還暦を過ぎれば誰だって身体にガタがくることはある。だけど、そんなときこそ、好きなものがあるっていいなと思う。オレは銀蝿40thの活動があって、本当によかったとしみじみ思うんだよな。

翔 Show

Show ／ Vo. & Gt.

生年月日　1958年6月8日生まれ
身長　170㎝
血液型　B型
趣味　車、バイク（改造するのが好き。好きすぎて車屋をやっていた経験も）
食べ歩き　食べること（どこの何が美味しいと聞くと、
そこを目指して行く。食べたことのないものが食べたい!!）
特技　料理（調理師免許あり）

40周年を迎えて一言
独りでは辿り着けない場所でも、
最高の仲間がいれば不可能も可能にすることができる。
そういう仲間を見極めよう。そして大事にしよう。

解散から2年後、ようやくソロ活動に

俺は'83年12月31日に完全燃焼し尽くすその瞬間まで、横浜銀蝿のことしか頭になかった。

'80年のデビュー以来、リーゼント、革ジャン、サングラス、ドカン。一年中その格好で、頭の中は常に横浜銀蝿のことで占められていた。

銀蝿での俺の立ち位置は、フロントマン。ボーカルやって、ギター弾いて、MCもやる。それ以外に、曲順を決めるなどの構成もやる。つまり、コンサートマスターみたいなものだ。そしてライブで何かしらのトラブルが起これば、いの一番に俺が前に出て、話すことでその場を収めていく。

野球で言えば、4番でピッチャーだ。

コンサートが終わった後、ファンに「銀蝿ってすげえな」って言って帰路についてもらうには何をすべきか。ただそれだけを考え抜く。それが、俺の役割だった。

目標は「シングル1位、アルバム1位、日本武道館満タン」。まず2年間、そこを目指して頑張った。だけど、シングル1位だけがどうしても取れない。それじゃあと1年延ばすかと、'83年の年末まで走り続けることになった。

目指していたのは〝日本一のロックンロールバンド〟だ。全力で取り組まなけりゃ、到底やりとげられない。あの頃の俺は、本当に常に100％の力を銀蝿に注ぎ込み続けていた。俺は横浜銀蝿をギリギリまで貫く。横浜銀蝿のことしか考えないのが文字通りの完全燃焼だろう。一点の曇りもないくらい純粋にそう思い込んでた。

そんな状況だったから、解散した後に俺は何をしていこうかなんてことは1ミリたりとも考えなかった。今後について考える、ましてや準備を始めるなんてことは、応援してくれるファンに対しても失礼だろう。だから解散後のことは、新宿コマ劇場の解散コンサートが終わってから考えるべきだ。そう俺は思っていたんだ。

ジョニーは横浜銀蝿現役時代から「ジェームス・ディーンのように」を出し、すでにソロ活動をやっていた。一人のミュージシャンとして十分才能もあった。なのでしばらくソロ活動を続け、その後キングレコードに入社し、制作のほうでやっていくことになった。

解散後のタクに俺はものすごく驚いた。外見がすっかり様変わりしてしまったんだ。リーゼントをおろして、黒の革ジャンも着なくなった。その代わり派手なジャケットに袖を通し、いかにも'80年代らしいサウンドのアルバムを出した。'86年、日本コロムビアから出たのは「TAKU&MARY」という女性とのユニットで、銀蝿色は一切なし。彼の場合は感性が豊かで、もともとやりたい音楽の幅が、俺よりずっとずっと広かったんだと思う。まったく違う世界へ羽ばたいたように感じていた。

そして、兄でもある嵐さんは、横浜銀蝿が所属してたユタカプロダクションを引き継いで芸能プロダクションの社長になった。

こうして解散後、俺以外の3人は、それぞれが自分の道へと歩み出していったわけだ。いっぽう俺自身は解散したからといって、すぐに次の道に踏み出すことはできなかった。さて、これからどうしていこうか。いろいろと考えていた。

横浜銀蝿って実際にすごかったし、後世に残るバンドとしてファンの心にしっかり足跡を残したと思う。それが解散後、メンバー4人がまったく違うニュアンスの世界に行ってしまったら、どうなるんだろう……。強烈な3年3ヵ月を走り抜けた横浜銀蝿のイメージが、ファンの皆の心のなかで「あれ？　何だったんだ？」って思われてしまうのはイヤだった。

俺はリーダーじゃなかったけれど、リードボーカルで、今でいうセンターを張っていたわけだから、街を歩けば、どうしたって「横浜銀蝿の翔」という目で見られてしまう。銀蝿の伝説は壊しちゃいけない。強くそう思っていた。だから、誰に強制されたわけでも頼まれたわけでもないのに、一人で銀蝿を背負いこんだ。まったく違う道に進むことは何か違うような気がして、俺自身がそれを許せなかったんだろうな。結局、自分で自分を縛り付けちゃっていたんだろう。

2年ほどあれこれ迷い、葛藤もあったけれど、やがて新しい曲をつくりはじめた。'85年には、初めてのソロアルバムを出すことにしたんだ。あえて自分のアルバムには

「THE KING OF ROCK,N ROLL」というタイトルをつけた。日本でロックンロールの王様になってやる！　っていうコンセプトで、ようやく「横浜銀蝿の翔」をまとったまま、俺は自分がやりたい音楽を極めていこうと腹をくったんだ。

ただ、革ジャンに白いドカンというイメージを、どういうふうにチェンジさせるかってことには、ホント、悩んだ。インパクトが強すぎたからね。でもリーゼントも革ジャンも本当に好きだったから、結局革ジャンを新調して、革パンツというスタイルになった。変化したのは、白のドカンが革パンツになっただけ……(笑)。でも俺にしてみたら、すごい変化だったけどね。ジャケ写撮るときには、横浜銀蝿のイメージを壊さないように、少し大人仕様に変えてソロ活動をスタートさせた。

夢のロサンゼルスレコーディング

やっぱロックンローラーたる者、一生に一度は本場アメリカでのレコーディングがしたい。「ソロアルバムのレコーディングは、ロサンゼルスでやるぞ！」俺は、嵐さんとレコード会社のプロデューサーにお願いした。商談成立(笑)。

'85年3月末に、プロデューサーとエンジニアとの顔合わせ、そしてロスのサポートバンドのオーディションのために渡米した。嵐さん同行。俺は、初のアメリカということで大興奮。レコーディングスタッフとの打ち合わせの前日から浮かれまくり、キャデラックのオープンカーをレンタルし、ロサンゼルスの街を走りまくった。ウィルシャー、メルローズ、リンカーン、ロデオドライブ、バートンウェイ、ビバリーヒルズ、サンタモニカ……。サンタモニカビーチへ向かうキャデラックの車内で、嵐さんと歌う、桜田淳子。来て〜来て〜来て〜来て〜サンタモニカ〜(笑)。まるで、おのぼりさん(笑)。楽しいったらありゃしない。

憧れのチャック・ベリーと同じギターを探して、片っ端からギターショップをまわった。そして、発見！ 「ギブソン ES-335」。即購入。キャデラックのセカンドシートに放り込み、気分はサイコー！ 今でも俺の愛器の一本である。

翌日、プロデューサーとエンジニアに面会。横浜銀蝿の音源資料と、新曲のデモテープを聴かせて、俺のつくりたい音楽スタイルを熱弁した。ロックンロール！

プロデューサーの名は、マーク・ハドソン。エンジニアはトム・ウィルソン。どうやら彼らは、二人ツルんで音楽制作に取り組む仲良しコンビ。ノリも良く、俺を理解してくれた気がした。彼らとタッグを組もうと決めた。サポートバンドのオーディションも無事終了し、俺のニュアンスにバッチリ合ったバンドをピックアップした。

前日買ったばかりのギブソンを見せて、「ど〜よ？」って自慢したら、どうリアクションしていいかわからないマークとトムとバンドのメンバーが、困りながらも呆れているように見えた(苦笑)。彼らの気持ちはいまだに不明だが、チャック・ベリーが大好きなジャパニーズロックンローラーが、浮かれてロサンゼルスにレコーディングにやって来たってことだけは理解したみたいだった。それでいいのだ。

日本に帰国し、準備を整え、5月25日、再渡米。夢にまで見た、ロサンゼルスでのレコーディング、スタート！　俺のつたない英語と身振り手振りで、曲を仕上げていく。

バンドサウンドも、マークのアレンジも最高だ。トムのミキシングテクニックが、俺を感動させる。まさに、俺の求めていたロックンロールが、アメリカの地で出来上がっていった。

「Baby Cat」、「涙をぶっちぎれ」、「追いかけてMy Way」、「ヤバイぜRock'n Roll」。

俺のソロアルバム「THE KING OF ROCK'N ROLL」に収録されているから、機会があったらぜひ、聴いてみてくれ。

レコーディング中にコーディネーターから聞かされた。マークとトムのコンビは、映画「グレムリン」の音楽を担当。マークは、ボビー・コールドウェルやマイケル・センベロらのプロデュースもしており、驚いたことにアメリカのテレビドラマで俳優としても有名らしい。

このロサンゼルスレコーディングで、俺の音楽感性はさらに磨かれたし、ミュージシャンとしてひと回り大きくなった気がした。

1週間のレコーディングを終えて、6月2日、帰国。

どれだけ売れても金銭感覚はまともだった

横浜銀蝿はものすごく売れたし「銀蝿一家の総売り上げは130億円だった」、なんて雑誌によく書かれてたけど、当の俺たちにはピンとこない話だった。少なくとも、俺は普通に事務所からカネをもらって、十分満足していたし、ソロになってからも好きな音楽ができて、生活に困らずに暮らしていければそれでよかった。アメリカでレコーディングもさせてもらったし、楽しかった。永ちゃんの〝成りあがり〟とは違うんだ。よく言われたよ、「売れてウハウハだったでしょ」って。「ウハウハ」でも「ナハナハ」でもないよ。いたって普通の生活をしていたんだから。

俺の親父は、精密機器メーカーに勤めていた真面目なサラリーマン。おふくろはパートに出て、俺たちに肩身の狭い思いをさせないようにとコツコツ働いて家計を支えてくれた。そうして、嵐さんと俺を大学まで通わせてくれた。そんな堅実な両親の姿を見て育ってきたんだ。

俺自身も、高校時代から何か買いたいものがあれば、トラック運転手でもスナックの店長でも、バイトでカネを稼いだしね。汗水たらして稼いだ経験があるから、多少カネが入っても金銭感覚が狂うようなことはなかった。もちろん車を改造したり、アメ車を買ったりくらいはしたけどな。

銀蝿時代にどれだけ売れていようと金銭でバカげた真似をしたことはない。湯水のようにカネを使って遊びまくるようなタイプじゃなかったんだよ。

もっとも嵐さんはいつも豪快に飲みに行ってたから、そのへんは同じ兄弟でもずいぶん違っていたわけだけど(笑)。

中古車販売店「エイトビート」

実は俺、'89年から'96〜'97年くらいまでの7〜8年間は、音楽活動と並行して中古車販売店もやっていた。もともと車で走るときに聴く最高の曲がなくて、「それじゃあ自分たちでつくろう」ってことでロックンロールをやりはじめて銀蠅が生まれたくらいだから、メンバー全員が根っからの車好き。俺はギャランGTOやコスモクーペという国産車を買っては、シャコタンにしたり色を塗り替えたりして、すごく大事にしてたんだ。デビュー前から愛車を自分たちでいじっていたから、車にはけっこう詳しかったんだよね。

解散後、ソロ活動になってからも、俺は相変わらず車いじりを続けていた。

すると、俺の車を見た後輩たちが、「カッコいいから譲ってほしい」と言いだした。「それじゃあ、売ってやるよ」ということになり、俺は何度か自分がチューニングした改造車を後輩に売り渡した。そのうち「こんな車種ないですか?」と、問い合わせの声がかかるようになった。そのたびに知り合いの中古車屋を紹介していたんだけど、これじゃあ自分でやったほうが手っ取り早いなと思い、改造修理を手掛ける輸入車の中古車販売店を始めることにしたんだ。

当時は中古車業界もにぎやかで、燃費など気にもせずアメ車がけっこうよく売れた。コルベット、カマロ、アストロ、ムスタング、ファイヤーバード、リンカーン、キャデラック……。名車や当時の人気車種は何でも扱ったよね。

当初は古物商の免許を取って個人でやっていたが、「ローンを組みたい」って奴も出てきたんで、ちゃんと店舗を構えることにした。といっても最初は横浜のちっちゃなビルの1階。小さなショールームをつくって、そこにウチには1台しかなかったフェラーリを置いた。お客さんはどんどん増えて、そのうち知り合いに限らず普通の車好きも店をのぞいてくれるようになった。こうなると車の駐車スペースにも困るようになったんで、600坪ほどの広い倉庫に店舗を移した。

はじめたばかりの頃は、同業の中古車販売店からもお客さんからも「どうせ単なる有名人の名義貸し」と冷めた目で見られていた。だけどお客さんの注文に応えるため、一台、一台手間を惜しまず希望の車を探したり、直接車輌を引き取りに行ったり……。渡米してロサンゼルスやシカゴなんかのオークション会場をまわり、自分の目で細部までチェック、なんていうこともやっていた。そんなことを続けていくうちに、「ちゃんとやってるんだな」と、周囲がだんだん好意的な目で見てくれるようになった。横浜銀蝿と関係ない、車好きのつながりも増え、俺がお客さんの前に出ていくと、「え、翔さんが？」とびっくりされて、ちょっと面白かったね。

商才があったかどうかは自分ではわからないけど、意外と俺は数字に強くて、会社の社長としてはちゃんとやっていたと思う。でも車が好きすぎて、必要以上に費用をかけて車を仕上げては販売していたから、あまり儲からなかった。どうも金儲けはヘタなのかもしれないな。

むしろ才能があったのは、人事採用。とくに受付嬢の雇用かな。基本的にスタッフは俺が面接するわけだ。車がいじれて接客もできる従業員や、何人かの学生バイトも雇ったけど、アメ車販売に欠かせないのはきれいな受付嬢だった。これはマスト。アメ車に乗りたいようなお客さんは大概が「女にモテたい」って奴。男って単純だから、ボディコンのきれいな女の子がにっこり笑顔でお茶でも出せば、あっという間に契約成立だ。きれいな受付嬢は、商談成立に絶大な効果があったね(笑)。

女性問題

女性に関して言えば、俺に限らず銀蝿のメンバーは、あんなにキャーキャー言われてた時代にも、恋愛がらみの浮いた話がほとんどない。

銀蝿は、女関係のスキャンダルはご法度だったんだ。本命の彼女と付き合うのは何の問題もないが、ファンの子とトラブったり、芸能人との恋愛関係といったスキャンダルで足を引っ張られるのは時間がもったいないと捉えていた。男の世界観で売り出していたというのもあるし、シングル1位、アルバム1位、日本武道館満タンの目標達成の妨げにしかならないと考えていたからだ。

だけど、俺には当時、デビュー前からずっと付き合っていた2歳年下の彼女がいた。本命の彼女だから問題はなかった。デビュー前にジョニーと一緒に由比ガ浜の駐車場でナンパして、「もし良かったら、明日もここで会おう」と声をかけたら、次の日も来てくれた。それ以来の付き合いだ。

銀蠅でブレイクした時代も解散後も、ずっと一緒だったから付き合いは長かった。熱狂的なファンに言い寄られても彼女のおかげで「俺はダメだから」とハッキリ断れた。だから、つまらないスキャンダルに巻き込まれることがなかったんだ。

ソロ活動になって間もない頃に同棲を始め、しばらく経った'90年に入籍した。中古車販売店をはじめた翌年のことだ。

きっかけはナンパでも、真剣に付き合ってみると心の底から信頼できる素晴らしい女性だった。スタイリストをやっていた彼女は、何事もセンスが良くて、俺の最大の理解者であり、パートナーだった。そして、一人娘にも恵まれた。けれど、'03年、俺が覚せい剤所持で逮捕された。3度目の逮捕だった。離婚。最高のパートナーと最愛の一人娘を失った。

驕《おご》りがあった

俺は3回逮捕された。順調だった中古車販売店も、結局俺がいないと回らないから閉めることになった。

最初は'97年2月。神奈川県警に覚せい剤取締法違反容疑で逮捕された。このときは証拠不十分で不起訴になった。

2度目は'98年9月。厚生省関東信越地区麻薬取締官事務所に逮捕され、刑務所に入った。

そして3度目は'03年4月、覚せい剤所持で1年10ヵ月の実刑。

最初はそんなに悪いことだと思ってなかった。

とっかかりはほんのちょっとした心の隙だったんだと思う。誰にだって人生はいいときもあれば悪いときもある。そして悪いときには酒でも飲んで発散すればいい、くらいの話だ。が、あいにく俺は酒が好きではなかった。ストレス解消の気軽な気持ちから……、なんて言うと完全な言い訳になっちゃうんだけど、昔の暴走族がシンナー吸ったとか、中学生がタバコ吸ったとか、その延長線上みたいな軽い気持ちだった。

何か深刻な悩みから逃れたかったわけでも、ましてや音楽のせいでもない。別に悲惨な中毒患者になるわけでもなし、大したことないじゃないか。そんな認識が、傷を本当に大きくしてしまったのだ。

嵐さんが倒れた

'04年、嵐さんが脳梗塞で倒れたことを、服役中に新聞で知った。頭を金槌でぶん殴られるくらい強烈なショックを受けた。生死をさまようような大病だ。間違いなく俺のせいだ。嵐さんにどれほど心配かけたか……。思い知らされた。だけど、塀の中にいるんだから、病院に駆けつけることすらできない。そんな自分を心底恥じた。

本気で心を入れかえて、一からやり直さないと駄目だ。そう思い、塀の中で、俺は改めて自分自身を見つめ直すことにした。

ただ、どれだけ反省しても、考えは堂々巡りするばかり。結局、最後は自分には音楽しかないという結論に行きつく。だけど、どの面下げて「もう一度音楽やらせてほしい」なんて言えるのか。ずーっとずーっとそんなことばかり考えていたよ。

俺がバカだったとしか言いようがないが、とにかくそんな気持ちを素直にタクと嵐さんには伝えてみよう。そのうえでNGと言われたら仕方ないけれど、とにかくもう一度、メンバーにぶつかってみるしかない。正直、それ以外の方法が思いつかなかったんだ。

出所したその足で、俺はタクと嵐さんの待つ事務所に向かった。自分の気持ちを一

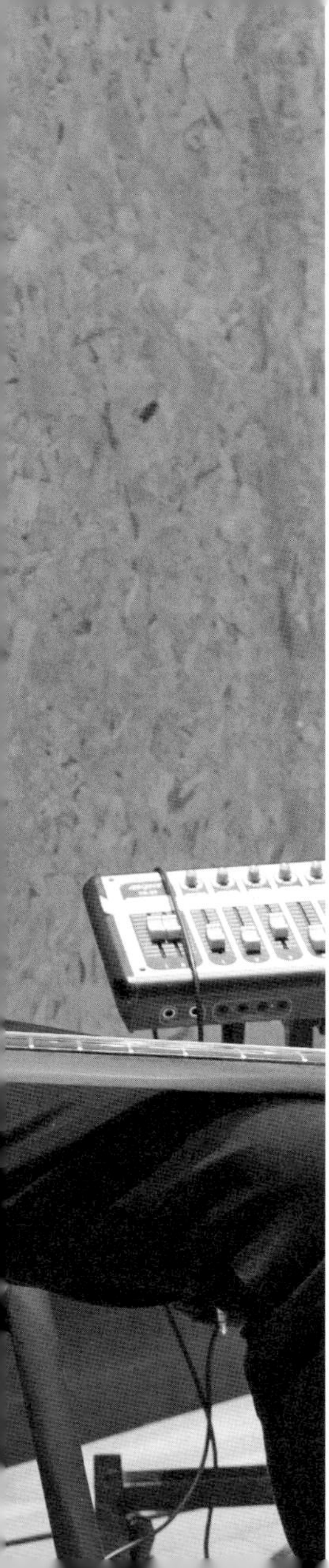

刻も早く、正直に二人に伝えたかったんだ。

これまでの思い、考えていたことを話す間、二人は口を挟まずにじっと耳を傾けてくれた。そして、最後に「わかった」ってぽつりと一言。二人からはただそれだけだったが、俺にとって、これほどありがたい言葉はなかった。あれから15年経つけれど、間違いなく俺の生涯で一番うれしい言葉だったんだ。

二人に告げたことなんてないが、俺はずっとこの一言に感謝している。このとき、あの「わかった」の一言がもらえなかったら、俺はその後生きてはいけなかったと思う。二人に人生をやり直すチャンスを与えられたんだ。このときメンバーにも、裏切って

しまったファンの子たちにも、心から恩返しがしたいと思った。

思えば銀蠅のメンバーも、仲のいい友人も、本当に俺のことを思ってくれる大切な人たちは、ほとんど何も言わずに黙ってただ俺を受け入れてくれた。

だからこそ余計に自分の不甲斐《ふがい》なさを思い知ることになった。俺は最低ですよ。本当にやってはいけないことをしたんだ。そういう思いがいっそう強まったし、心底、反省して自覚しなきゃいけないと思えるようになったんだ。

塀から出た後は懸命に頑張る

塀から出ても、すぐに復帰というわけにはいかなかった。嵐さんは俺のせいで沈没した横浜銀蠅を、なんとか復活させ、軌道に乗せたいと奔走してくれていた。でも、そんなに甘い芸能界ではない。俺の想像を絶する苦労や、つらい状況があったに違いない。いろいろな仕事が舞い込んでも、俺がいるからＮＧになるケースもけっこうあった。脳梗塞で倒れ、復帰したばかりのリハビリ中の身体なのに……。それでも俺に文句の一つも言わず、黙々と横浜銀蠅のために動いてくれていた。

そうして少しずつ横浜銀蠅は這い上がっていった。'06年6月には、「横浜銀蠅デビュー25周年記念コンサート」を、横浜ブリッツで開催することになった。嬉しかった。そのとき見たステージからの景色を、俺は絶対に忘れない。ここから本当に死ぬ気で頑張ろうと思った。

そんな横浜銀蠅と並行して、俺はスリーピースのロックンロールバンドを組むことにした。「翔&BLACK BIRD」。

横浜銀蠅の翔としてもっと力をつけるために、昔からの仲間と新しいメンバーに協力を依頼した。ベース、ドラム、そして俺のギターという構成。ロックンロールを奏でる最少ピース、スリーピースバンドだ。

このプロジェクトの目的は、俺自身のボーカルとギタープレーを向上させることだった。あえて厳しい演奏状況に自分の身を置くということ。その成果は、先々横浜銀蝿をやっていくうえで必ず活かされると考えたからだった。もちろんこのことは、翔&BLACK BIRDのメンバーに話をしたうえで、スタートした。3つの音でロックンロールを演奏する。ギターは俺一人。歌いながら、しっかりと演奏もする。あたり前のことだけど、今まで俺に足りなかったものがたくさん見えてきた。

恩師の訃報

'18年の夏、俺たち横浜銀蝿のディレクターだったキングレコードの水橋春夫さんが亡くなった。1980年のデビューから解散するまでの3年3ヵ月、俺たちと共に歩んでくれた恩師だ。水橋さんがいなければ、横浜銀蝿の大ヒットはなかっただろう。たくさんのヒントやどうあるべきかを、俺たちに教えてくれた。

なかでも衝撃だったのは、「もっと自分たちらしく、横浜銀蝿でしか歌えない歌をつくりなよ」と言われ続けたこと。本当に悩んだ。俺たちでしか歌えない歌……って何だ?

そしてひらめいた。俺たちの一番好きなこと、一番楽しかったことを歌にしようと。そうしてできたのが、「ぶっちぎりRock'n Roll」、「ツッパリHigh School Rock'n Roll（登校編）」。

水橋さんのヒントから俺たちは、ヒット曲をつくりあげることができた。

水橋さんとの思い出は、他にもある。実は俺は、ユタカプロの社長に言われ、横浜銀蝿のために喉を潰した。以前の俺の甘い声では、横浜銀蝿のイメージに合わなかったからだ。タオルを口にくわえ、思いきり声を出す。毎日続けた。タオルが血で染まるまで。原始的で安易な方法だった。一歩間違えれば、俺のボーカル人生は終わっていたかもしれない。奇跡的にも俺の声は潰れずに、現在のしゃがれた声になった。俺の歌唱法は変わった。メロディーを一気に吐き捨てるようにぶちまける。その潔さが、俺のボーカリストとしての真骨頂だ。

デビューして1年が過ぎた頃、俺はこの歌唱法に不安を感じ、水橋さんに相談をしたことがある。もっとうまく歌いたい。ボーカルレッスンを受けさせてほしい。

水橋さんの答えはこうだった。

「何もしなくていい。今のままでいいんだよ。先生になんかついたら、翔くんの良さがなくなってしまうよ。翔くんの声は、唯一無二なんだから。吐き捨てるように歌う、息を一息も残さない潔い歌唱法、最高だよ」。俺の不安は、自信へと変わっていった。

そしてこうも言ってくれていた。「新曲つくってる?」「いいのできた?」

横浜銀蝿がデビューするとき、俺たちはオリジナル曲しか歌わないって約束したんだ。そのとき水橋さんが言った。

「オリジナル曲をつくってレコードを出し続けるってことは、並大抵のことではないよ。最後までつっぱれるの?」俺は「大丈夫です」と、胸を張った。でも実際はスランプの時期も経験したし、苦しんでいるときもあった。それを察したかのように水橋さんは、優しく背中を押してくれた。

水橋さんのあたたかい言葉の数々を、俺はつらいときに思い出し、そこから立ち上がっている気がする。本当に最高のディレクターだったと、今も感謝している。

あれからずっと離れていたけど、いつかまたどこかで会えて、感謝の気持ちを直接伝える機会もそのうちあるだろうと漠然と日々を過ごしていたから、突然の訃報にすごいショックを受けた。

たまたま嵐さん宛てに届いた水橋さんを偲ぶ会の案内状を見つけ、何としてでも会いに行きたいと思った。だけど俺は例の事件で古巣のキングレコードに顔も出せなくなり、ジョニーとも疎遠になったままだった。そもそも案内状は俺宛てには届いてなかったし、俺が出席しても歓迎されないかもしれない。だけど俺は水橋さんにこの気持ちを伝え、お別れをしたかった。仕事で行けない嵐さんの代理のつもりで出席させてもらうことにしたんだ。

ジョニーに声をかけた

偲ぶ会の席には、懐かしいキングレコードの面々が並んでいた。そのなかに俺の記憶より大人びた表情になったジョニーがいた。十何年ぶりの再会だけどわだかまりなど何もなかった。

お互いに「お〜久しぶり」と声をかけ合うとテープの巻き戻しみたいにきゅるきゅると時間が戻っていくようだった。これまでのブランクが一瞬で埋まり、一足飛びに高校から大学、銀蝿時代のマブダチ感覚がよみがえってきた。そして、またジョニーと一緒にロックンロールをやりたいと強く思った。そんな気持ちが胸から溢れ出し、俺の口から言葉となって飛び出した。

「2020年は東京五輪もあるけど、横浜銀蝿も40周年になる。1年限定でいいから一緒に銀蝿やらない？」

そしたらジョニーはあっさり「ムリムリ」って即答。

「え？」

「この20年ギター全然弾いてないから」って言うんだ。

「は？　嘘だろ？」あのジョニーがいくら忙しいといっても、たまには家で弾いていているだろう。俺なんか、まったくギターに触らない日なんてないから冗談かと思った。

するとジョニーは、「ホント、今ギターも持ってないし」。

「マジかっ！」俺は焦った。まったくもって予測してない展開になってしまった。

そこで、これまでジョニーのいない3人で、横浜銀蝿としてずーっとライブをやってきたことを話した。ライブをやるたびにファンから「ジョニーはいないの？」と、何度も何度も聞かれ続けてきたこと。4人そろったオリジナルメンバーの横浜銀蝿の復活を、多くのファンが待ち望んでいるということ……。

俺はあきらめきれなかったんだ。もしジョニーが戻ってくれたら、俺にチャンスをくれたタクと嵐さんへの大きなプレゼントにもなるはずだ。俺は、亡くなった水橋さんに「もう一回ジョニーちゃんと一緒にやりなよ」ってここでもまた背中を押されているような気がしたんだ。

俺の必死の思いは、ジョニーにも伝わったのかもしれない。「う〜ん、それじゃ、ちょっと練習してみるから」って。話しているうちにジョニーの心が動いた気がした。

もしかしたら水橋さんがジョニーの背中も押してくれたんじゃないかと思った。ともかくにもジョニーは20年ぶりに練習をはじめてみるよと約束してくれたんだ。

「やってみるけど、実際弾いて、メンバーに聴いてもらって、ホントに俺のギターでイケるかどうか、正直に言ってほしいし、もしみんなの思うレベルに達していなかったら、ダメだってちゃんと伝えてほしい。その代わり一所懸命練習してくるから」って。

そんな話をして、俺たちは別れた。

3ヵ月後、俺たちはリハーサルスタジオで、35年ぶりに音を出した。今でも忘れない。身体が震えた。鳥肌が立った。ジョニーはジョニーになっていた。

この感じ、そう、この感じだよ。

横浜銀蝿のリードギターは、やっぱりジョニーなんだ。感動した。ホントに一所懸命練習したんだろう。半端な努力じゃなかったと思う。20年のブランクを、3ヵ月で埋めてきたんだから。そしてその日のリハーサルは、ただただ楽しかったの一言に尽きた。

今はジョニーが社長をやってるベルウッド・レコードの部下たちも、社長がやるなら、ってみんな張り切って応援してくれてるみたいだ。普通のヘアスタイルで仕事をしてきたジョニーが突然リーゼントにしたもんだから、「おおっ、社長カッコいい」なんて言ってね。もう表舞台に立つことはないと思ってたというジョニー自身も、俺たちと一緒にやって今すごく楽しいって言ってくれている。俺はそれが何よりうれしいんだよね。

ジョニーが加わり40thの活動をはじめたわけだけど、改めて確信したことがある。

横浜銀蝿は最高だってこと。

俺がフロントマンだ、4番でピッチャーだ、などと言っていても、嵐さん、タク、ジョニーの3人がいたから、そのなかで粋がってこれただけだったってこと。

40thで再会してそれが、よくわかった。

こんな楽しい時間が過ごせるのも、15年前にタクと嵐さんがくれた「わかった」って一言のおかげなんだと思う。

芯は強かったおふくろの話

親父はサラリーマンとしては真面目だったけど、子供の面倒は一切見なかった。親父は内弁慶で家では威張ってたな。酒飲んで酔っ払うと家の中で暴れることもあった。俺はおふくろっこだったから、親父からおふくろを守るのが俺の役目。嵐さんは自分も酔っ払っちゃうから、そのあたりはよくわかってないみたいだけど、おふくろも俺も酒はあまり飲まないし、性格も似てて気が合ってたんだよね。

こう見えても中2までは学年で1、2番ってくらい勉強ができた。親父からはずーっと「お前は公務員になれ」って言われてたくらいだ。ところが、高校生になった嵐さんがグレてしまい、俺もモロにその影響を受けた。不良って楽しいなと、突如勉強をやらなくなってしまった。

中2の夏からの、俺の不良人生のスタート。でもおふくろからあれこれ言われた記憶はあまりないんだ。

おふくろはか弱いわけじゃない。俺が高校2年から3年にあがる春の話だ。盲腸の手術後に腹膜炎から腸閉塞になって、100日間も入院してたことがある。

2回手術しても俺の病状に医者は気付かず、俺は回復せず、具合は悪くなるいっぽうで、もう死ぬかもしれないってひどい状態にまで追い込まれた。そのとき、普段おとなしいおふくろが、「とにかくもう一度手術しろ」、「息子の腹を切って、なかを見てほしい」って院長室にねじ込んだ。俺の異常なまでの苦痛の顔に、きっと何かを察したんだろう。

「絶対、息子を先に死なせない」。

おふくろの気迫はすさまじく、鬼の形相で院長に迫ったんだ。3回目の手術。腹膜炎と腸閉塞の大手術。術後院長は、「お母さん、切ってよかったです。申し訳ない」と、謝った。そんなこんなで、俺は死なずに済んだんだ。

一度死んだはずの、17歳の春。その経験が、その後の俺を強くしていった。どんなにつらいときも、一度死んだはずの命。おふくろに救ってもらった。死んだ気になれば目の前の困難なんて、たいしたことじゃない。

そんなおふくろと俺の、親子の絆。ホントに、仲良しだった。

俺のおふくろは、大正13年生まれ。おふくろの青春時代は、戦争真っ只中。俺が銀蝿やってたくらいの年の頃には、空襲から逃げ回って、目の前で人が死んでいくのを見ていたんだよな。戦争が終わると持っていた着物を全部闇市で売って、生きていくために田舎から上京してきたらしい。

そんな時代をかいくぐってきたから、ごく普通の優しい女性だけど、こうと決めたら芯が強かった。血液型も一緒だし。親父よりダイナミックな性格だったので、ホント、気が合った。親子だから当たり前だけどね。

人の優しさ、仲間の気持ち

留置所にいるとき、カミさんが面会に来た。離婚届を渡しに来たんだ。

すると、「これ、渡されちゃったんだけど」と、なぜだか留置所の職員のほうがオロオロうろたえちゃって。「おいお前、これどうすんだよ」って言うから、「サインして渡すしかないですよね……」って答えると、「お前それで、大丈夫なのか」、「今日はゆっくり寝ろよ」、「明日はタバコ1本多くしてやるからよ」と、なんだかその日ばかりは腫れ物に触るみたいに気を遣ってくれた。凹んだときはそんなささやかな人の優しさが、案外身に染みるものなんだな、と思った。人の優しさと言えば、タクが俺につくってくれた歌がある。タイトルが「KING OF ROCK'N ROLL」。作詞も作曲もタクなんだけどその中にこんな歌詞がある。

「看板背負ったお前／あれこれ言うヤツはいない／バネにするのさ挫折も／何かつかむまで挑むぜ！」「ほらいつでも　俺達(なかま)がいる／お前の為　またステージの幕が上がるぜ！」

こんなに素敵なメンバーがすぐそばにいるのに、俺はホント、何やってたんだろうね。今後の一つ一つの積み重ねで、タクの気持ちに応えたいと思うんだ。

還暦！　60歳にして60曲ライブ!!

横浜銀蝿には、還暦になると代々引き継がれる、〝赤の還暦ジャンパー〟というのがある。一昨年俺は、嵐さんから〝赤の還暦ジャンパー〟を引き継いだ。今年は、タクが還暦を迎える。〝赤の還暦ジャンパー〟、引き継ぎよろしくね。ちょっと汗臭いけど(笑)。

俺は還暦を迎えたこの年に、記憶に残る何かをしたいと考えていた。

「そうだ、60歳60曲ライブをやろう！」

絶対に忘れられない還暦になるはずだ。まずは記念に、ゼマイティスの赤いギターを新調した。名付けて「還暦ファイヤー号」(笑)。俺は、嵐さんとタクに提案した。「還暦の記念に、60歳60曲ライブをやりたい」。「いいね〜、おもしろそうだね〜」と、快諾してくれた。

実際に構成し、リハーサルに入ってみると、とんでもないことに気がついた。20曲で2時間だから……、60曲だと……、単純計算で6時間……。6時間っ？　え──っ！

マジかっ！　途中でトイレ行かなくて、大丈夫かな？　無理だよな……。ファンが怒るよな……。スタンディングじゃ、死ぬよな……。

適切な会場選びが、必須となった。全席指定、トイレの数が多い、ロビーのあるホール。ということで、俺の地元、横浜市戸塚にある戸塚公会堂で開催することになった。

着々と準備が進む中、ふと思った。俺、6時間も歌えるのか……？（笑）嵐さんもタクも、「大丈夫、楽勝だよ」と、他人事のように言う。歌うのは、俺だって！

チケットは、即完売。もう俺は、後に引けなくなった。スタッフもメンバーも、もちろんファンの皆も、初体験の6時間60曲ライブ。なんか知らないけど、事が進むうちにだんだん楽しくなってきた。未知への挑戦。やるしかないっ！　やってもいないのに、ロックンロール・ハイだ。

そしてライブ当日。

やればできるんだね。歌った、弾いた、そして跳んだ。記憶に残る、思い出の還暦ライブとなった。ホントに楽しかった。

このときはまだ、2年後に横浜銀蝿40thがスタートするとは、思ってもいなかったけれど、ライブ後は何歳になってもやればできるという自信が漲《みなぎ》ったよ。音楽の楽しさが身体中を駆け巡った一日だった。

俺は横浜銀蝿

還暦を迎えた年、俺は自分の中に指針となる柱を立てた。失敗してもやり続けること。常にロックンローラーであること。音楽を追求すること。新しい挑戦をすること。

この、継続、真髄、追求、挑戦の4本の柱は、すべて横浜銀蝿40thにつながる。

還暦を越えた俺たちにとって体力的にもキツいけど、今はとにかく楽しい。食生活も気を付けてるし、体力強化もやっている。

音楽は朽ちないことを発信し続けたい。全力で挑戦していきたい。一度崖下に落っこちた人間でも、立ち上がろうとし続ける限り、終わりじゃないと信じている。それに、まだまだ老け込む歳じゃないしな。

俺の中では銀蝿＝ロックンロール。俺の生涯は、横浜銀蝿ではじまって、横浜銀蝿として終わりたいと思っている。

10. 銀ばるRock'n Roll
作詞・作曲・編曲:翔
11. 男の勲章
作詞・作曲:Johnny / 編曲:T.C.R.横浜銀蝿 R.S.
12. あせかきベソかきRock'n Roll run
作詞・作曲:翔 / 編曲:T.C.R.横浜銀蝿 R.S.
13. おまえにピタッ!
作詞・作曲:翔 / 編曲:T.C.R.横浜銀蝿 R.S.
14. アイ・メイク・ユー
作詞・作曲:翔 / 編曲:TAKU
15. 哀愁のワインディング ロード
作詞・作曲:翔 / 編曲:T.C.R.横浜銀蝿 R.S.
16. RUNNING DOG
作詞:翔 / 作曲・編曲:TAKU

DISC-3／DVD

「Documentary of 横浜銀蝿40th」
「男の勲章」Music Video
「1980 HERO」Music Video
「Again」Music Video
「男の勲章」Dance Video

横浜銀蝿40th
Vocal & Guitar:翔
Guitar & Vocal:Johnny
Bass, Vocal & Programming:TAKU
Drums & Vocal:嵐

Support Drums:Atsushi

「ぶっちぎり アゲイン」制作秘話

Johnny

横浜銀蝿40thへの参加を決めてから、毎月、第2・第4火曜日を練習日に決めて集まってきたけど、ある日、都内のいつものスタジオに誰も来ない日があった。「ったく時間にルーズな奴らだ」なんて思ってたら、その日は第1火曜日。練習日じゃなかったんだ。せっかく来ちゃったんだから、とこの日にスタジオでつくったのがアルバム1曲目の「1980 HERO」。日にちを間違えなければ生まれなかった曲だった。

あと「大人の勲章」は「男の勲章」から23年後の2005年、大人の応援歌として嶋大輔君に書いた曲。これ、翔くんが歌ったら絶対カッコよくなると思って入れました。歌ってもらったら、さすがに翔くん、カッコいいなと思った（↘P.86に続く）

New Album

横浜銀蝿40th／
ぶっちぎりアゲイン
（初回限定盤／璐薫'狼琉盤）
2CD（DISC-1／DISC-2）
+DVD（DISC-3）
¥6966+税
豪華BOX仕様
ステッカー封入

横浜銀蝿40th／
ぶっちぎりアゲイン
（通常盤／夜露死苦盤）
2CD（DISC-1／DISC-2）
¥4649+税
初回製造分のみ
ステッカー封入

DISC-1

1. **1980 HERO**
   作詞·作曲:Johnny / 編曲:横浜銀蝿40th
2. **ツッパリHigh School Rock'n Roll（還暦編）**
   作詞:TAKU / 作曲:TAKU&翔 / 編曲:横浜銀蝿40th
3. **Johnny All Right!**
   作詞·作曲:翔 / 編曲:横浜銀蝿40th
4. **銀のロックン·ローラー**
   作詞·作曲:TAKU / 編曲:横浜銀蝿40th
5. **大人の勲章**
   作詞·作曲:Johnny / 編曲:横浜銀蝿40th
6. **待たせてごめん**
   作詞·作曲:Johnny / 編曲:横浜銀蝿40th
7. **Now & Forever ～これからもずっと～**
   作詞·作曲:TAKU / 編曲:横浜銀蝿40th
8. **これからもよろしくな**
   作詞:タミヤヨシユキ / 作曲:水島康宏 / 編曲:横浜銀蝿40th
9. **Lucky ☆ Star**
   作詞·作曲:翔 / 編曲:横浜銀蝿40th
10. **Again**
   作詞·作曲:翔 / 編曲:横浜銀蝿40th

DISC-2

1. **横須賀Baby**
   作詞·作曲·編曲:T.C.R.横浜銀蝿 R.S.
2. **ぶっちぎりRock'n Roll**
   作詞·作曲:タミヤヨシユキ / 編曲:T.C.R.横浜銀蝿 R.S.
3. **尻取りRock'n Roll**
   作詞·作曲·編曲:T.C.R.横浜銀蝿 R.S.
4. **ツッパリHigh School Rock'n Roll（登校編）**
   作詞·作曲·編曲:タミヤヨシユキ
5. **気ままな One Way Night**
   作詞·作曲·編曲:タミヤヨシユキ
6. **羯徒毘璐薫'狼琉**
   作詞:翔 / 作曲:Johnny / 編曲:T.C.R.横浜銀蝿 R.S.
7. **ツッパリHigh School Rock'n Roll（試験編）**
   作詞:翔 / 作曲:タミヤヨシユキ / 編曲:T.C.R.横浜銀蝿 R.S.
8. **ジェームス·ディーンのように**
   作詞·作曲:Johnny / 編曲:T.C.R.横浜銀蝿 R.S.
9. **お前サラサラ サーファー·ガール**
   おいらテカテカ ロックン·ローラー
   作詞·作曲:翔 / 編曲:タミヤヨシユキ

「ぶっちぎり アゲイン」制作秘話

（↘P.84から）当初はギターだけの参加で歌うつもりなかったんだけど、TAKUが「Johnnyも歌わなきゃダメだよ」って言うので「待たせてごめん」って曲を追加した。待っててくれたファンに想いを込めてつくった曲。渾身の3作です。

TAKU

ボクは今回還暦を迎えた男のリアルを追求したいと思ったの。20歳の頃なら、自慢のマシンで女の子とデートしてウキウキして楽しいな、みたいなことがリアルだったけど、今は自分だけの身体じゃないから余計に健康が気になるとか、孫はやっぱかわいいなとか、うわ髪うっす、とか若い頃とは全然違うことを考えるようになった。

そんな還暦世代のリアルにこだわってつくったのが「ツッパリHigh School Rock'n Roll（還暦編）」。「今日も元気にポマード決めたら 透けた地肌のリーゼント」って（笑）。これまで登校編、帰宅編、試験編ときたから、このままいけば、いつか喜寿編とか米寿編とかできるかもしれない。

結局この年齢になってくると、人に伝えたいことって「今までごめんなさい」「ありがとう」「これからもよろしくね」の3つの言葉に集約されてくるのよ。昔は当たり前だと思ってたことが、実はとっても有り難いことで。それがわかるといろんな人に感謝の気持ちが湧いてきたり、申し訳なかったなと思えたり。これが還暦を迎えた自然な気持ちだし、みんな一緒だと思うのね。そんな気持ちを歌にしたのが今回のアルバムです。

翔

俺が、アルバムづくりの最初のミーティングに持ってったのが「Again」ていう曲。'83年12月31日の新宿コマから別々の道を歩き出したメンバーが今回また一緒になる。俺は死ぬ前にもう一度、Johnnyと一緒にステージに立てたらいいって、ずーーっと思ってた。そしてようやく、また一緒にやれるときがきた。もう、本当の気持ちをみんなに話してもいいよね、ってつくった曲。といっても俺たち4人が集まってアゲインなんじゃなくて、俺たち4人とファンのみんながアゲイン、という意味なんだ。

メロディーラインをメンバーに聴いてもらって、そこに自分たちの解散した頃からの想いをのせる。でもって最後にサビが来て「アゲーイン」と歌いたいんだよ、って言ったら、TAKUもJohnnyもああ、それ、いいんじゃないって。アルバムのタイトルにもいいね、ってことになった。それこそJohnnyの「待たせてごめん」じゃないけど、俺も「待たせたね」という気持ちの曲が絶対ほしいと思っていたんだ。この曲が完全復活した横浜銀蝿40thでファンのみんなに向けて一番歌いたい曲かな。

嵐

オレが今回つくったのは1曲だけなんだけど、3人がどんな曲を持ってくるかなと思って楽しみだったんだ。40周年で何を伝えたいのかといえば、TAKUじゃないけどやっぱ「これからもよろしく」なんだよな。オレは病気もしたし、それしかないと思ってたから。「これからもよろしくな」ってタイトルから考えたんだよね。

TAKU

TAKU ／Vo. & Ba.

生年月日 1960年9月22日生まれ
身長 180㎝
血液型 B型
趣味 ベースを弾くこと
筋トレ・スワイショウ
特技 集中力を高めること

40周年を迎えて一言

やっぱね、“役者が揃う”ってのはこういうことなんだよね、
って自分自身で実感できたし、
それを皆さんもきっと楽しんでくれると思う。
今からワクワクしてます。

お待たせしました

ボクは、昨日より今日の自分、そして明日の自分と、常に進歩し続けていたい。基本的にずっとそう思いながら生きてきました。子供時代から今に至るまで、好奇心に突き動かされて日々を積み重ねてきた人生だったと思います。

嵐さんに出会ったのは高校を卒業したばかりの頃。初対面のボクに向かって嵐さんは「俺についてきたら、絶対ビッグにしてやるから」って言い放ちました。ここからボクの人生は大きく変わった。翔さんやジョニーと組んで「THE CRAZY RIDER 横浜銀蝿 ROLLING SPECIAL（ザ・クレイジー・ライダー 横浜銀蝿 ローリング・スペシャル、T.C.R.横浜銀蝿R.S.）」を結成。デビューしたのは19歳最後の日でした。そして、3年3ヵ月間、横浜銀蝿として全力で駆け抜け、'83年12月に解散。その後はあえて横浜銀蝿とは違うベクトルで新ユニットを組んだりしてましたね。ほら、新しいことが大好きだから。そのユニットでは作詞・作曲はもちろん、編曲やシンセサイザーのオペレーターといったサウンドの根幹の制作に携わってきました。横浜銀蠅では4人でやっていた部分を全部一人でつくってみたかったっていう感じかな。一方で、一ベーシストとして、ほかのアーティストのコンサートツアーにも参加したし、完全に裏方としてアーティストのプロデュースなどもやりましたけどね。

銀蠅時代のボクしか知らない人から見れば、横浜銀蠅の単なるベーシストがすぐに編曲やシンセオペレーションみたいな仕事に就けるものなの？　って疑問に思うかもしれない。ほら、銀蠅の曲はシンプル、みたいなイメージがあるから。でも最終的には自分でも驚くくらい、幅広く自由なスタンスで音楽業界で活動できてたんだよね。

まず、そのあたりのことから遡《さかのぼ》ってお話ししますね。

幼い頃から音楽に強い好奇心があった

横浜銀蠅時代はストレートな不良イメージを強く打ち出していたので「ロックンロ

ールはスリーコードだけ知ってりゃＯＫ。俺たちには譜面なんか必要ねえよ」ってよく言ってました。イメージがブレないことが重要だ、っていうんで音楽のことなどさっぱりわからない体を装ってたんですけど、実はボク、当時から音楽のこと、けっこう勉強していたんです。

そもそも幼い頃から音楽に並々ならぬ興味があった。幼稚園のとき、親にピアノをやりたいとせがんだくらい。だけど、うちは祖父も親父も、会社の経営者だった。父はドイツから車や船のバッテリーを輸入販売する専門商社を経営していたんです。

だから、音楽なんかより、ビジネスのほうに興味を持ってほしかったんでしょうね。跡取りになるかもしれない大事な長男が、ピアノ弾きにでもなったら一大事。そんなビジネスに役に立たない習い事はうちの子には必要ないと、頭ごなしに反対されて、ピアノは習わせてもらえなかったんです。

通ってた幼稚園にはオルガン教室もあったけど、我が家の教育方針では当然それも参加させてもらえない。だけど、どうしても音楽に関心があったボクはみんなが帰った後も幼稚園に居残って、オルガン教室のレッスンを、こっそり後ろから見学することにした。そこで見てるだけでも音階は覚えられたし、確実に音を聴く力は養ったんじゃないかと思いますね。小学生の頃には校歌はもちろん、これから進学する中学校の校歌もリコーダーで吹けました。楽譜も読めたし、鼓笛隊の指揮もやりました。ギターに触れる前からそのほかの楽器にも触れて、音楽の基礎知識を少しずつ身につけていきました。好奇心旺盛で音楽のいろんなことを知りたかったんです。

ただ、もともと目立ちたがり屋だったため、中学に入ると横道に逸れ、バスケ部に入部しました。ボクが入った中学校はバスケットボールの強豪校。そこで目立つためにはもっとも注目度の高いバスケ部でのしていくのが早道だったからです。

高校は合格した都立日比谷高校を蹴って、バスケの名門だった中大杉並に進学。母親は「受かった日比谷高校に行かない」ことにしばらくの間不満を唱えてましたけど、そんなことは気にもなりませんでした。中大杉並では本気でインターハイを目指し、死ぬほどハードな練習の日々を送っていました。ところが、怪我であえなくバスケの道を断念することになっちゃうんですね。

そこで再び目を向けたのが音楽です。ビートルズやキャロルの影響でエレキギターを練習しはじめて、友達とバンドを組みました。ところが、高校時代の仲間にとってバンド活動は、あくまでも趣味の一つ。ボクはやる以上はプロデビューが目標だったから、その意識の違いは大きくてバンド活動はなかなかうまくいきませんでした。

そこで音楽雑誌の伝言欄に投稿してプロを目指す音楽仲間を探すことにした。その頃一番イケてたロックンロールをやりたかったんですね。その雑誌を見た嵐さんが、ボクに電話してくれて、翔さんやジョニーと出会えた。そこから本格的に音楽活動にのめりこんでいきました。

貪欲に音楽の知識を吸収

デビュー前は、よく日吉のヤマハのスタジオを1時間いくら、みたいな形で借りて練習してましたね。そう、そう、どこの町にもあったヤマハ音楽教室のヤマハです。

そのヤマハの受付カウンターの横には音楽専門の書籍コーナーがありました。クラシックから、ポピュラー、ロックに至るまであらゆる音楽の楽譜やメソッド本がずらっと並んでいた。そのなかに鎮座していたのが「実用ポピュラー音楽編曲法」という分厚い本。なんと一冊1万円もする上下巻の編曲の専門書でした。

パラパラめくると、なんだか難しそうなことが書いてある。18歳のボクにとっては、二の足を踏むほど高額な本だったけど、音楽の勉強をしたかったので、意を決して買っちゃいました。嵐さんや翔さんからは「何で、そんなもん買ってんの」とからかわれたけれど、その頃から音楽の勉強をちゃんとやりたかったんですよ。

当時ボクらがやってたロックンロールは極端に言うと、スリーコードさえ知ってりゃ何とかなる世界だった。もちろん、そのシンプルな勢い、ノリの良さは大好きでした。けど、もっと深く、広く、音楽を知りたいと、切実に思っていましたね。

そしてデビューしてすぐに銀蝿がブレイク。これはのちのち、アレンジャーなどの仕事をやるときに感謝したことなんですけど、売れたおかげで銀蠅の周りには超優秀な人材が集まってました。ディレクター、アレンジャー、作詞家……それこそ当代きっての才能が結集していたんです。みんな一流の方ばかりだったうえに、レコーディングのスタジオも最高の場所を使わせてもらえた。ベテランでもないのに、最新機材を揃えた一流スタジオが使えたのは嬉しかったですね。

さらに募る音楽への探求心

好奇心旺盛なボクは、恵まれた環境の中で、吸収できるものはなんでも吸収しようと思いました。ちょっとでも疑問が湧けば、目の前にいる一流の人材に直接教えてもらえるんですから、これ以上のぜいたくな環境はありません。アレンジャー、オーケストラ、ミキシングエンジニアなどあらゆる職種の人を捕まえては質問攻めにしてました。会う人会う人になぜこうなるのか。具体的にどうするのか。どういう仕組みなのか。とにかく話を聞きまくりましたね。

多分当時そんなことをやってたのはメンバーの中でもボクだけだったと思います。演奏のこと、音楽のこと、アレンジのこと、作曲のこと……。スタジオで何ができて何ができないか、どういうテクニックが必要なのか、毎日、聞きまくっているうちに幅広い知識が蓄積されていきました。

ディレクションやマネージメントの仕事についても次々と興味の範囲が広がっていく。それで、銀蝿のベーシストをやりつつ、銀蝿の弟分としてデビューした銀蝿一家のプロデュースなんかもやらせてもらいました。

三原順子ちゃんの「だって・フォーリンラブ・突然」や、銀蝿の妹としてデビューした岩井小百合ちゃんの曲などをつくらせてもらったのもその頃です。順子ちゃんはいまや国会議員ですけど、ボクの書いた歌で紅白にも出場したんですよ。

そして銀蝿が解散する時期がやってきました。ボクは解散後は、それまでに培った知識を活かし、もっといろいろなジャンルの音楽にも挑戦したいと考えていました。

だから解散してすぐ、700万円くらいだったかな、けっこうな大金を投じて、まず、デジタル機材をごっそり揃えたんです。

解散した'83年から'84年というのは、ちょうど日本の音楽業界にデジタル化の波が押し寄せてきた頃。技術的に大変革のあった時期なんです。ボクはシンセサイザーやミュージックシーケンサーといった装置を使っての「打ち込み」、つまり情報を入力することや、アレンジに関することをさらに勉強しましたね。

銀蝿のときから、シンセなどを使ったものは、いずれやろうと思っていたし、最後のほうで書いた曲は、ボク自身がシンセサイザーを弾いたりしてたんです。作詞・作曲だけでなくシンセサイザーのオペレートとかアレンジまでやらせてもらいました。

ある日突然受け入れた「ぺーぺーの自分」

とはいえ、解散後からすぐにアレンジャーとして活躍できたわけじゃありません。

銀蝿が解散したときは23歳。そこから30歳までは修業の日々でしたね。録音スタジオやレコード会社、音楽出版社など、いろんなところに顔を出して、編曲やベースを弾く仕事を請け負ったりするんですが、もう横浜銀蝿のタクではなく、秋葉卓志という本名に戻して仕事をしていたんですよね。そうすると銀蝿時代はあれだけちやほやされてたのに、周りの態度が全然違う。肩書って、すごく大事なんだと痛感しました。

自分が編曲した楽譜を持ってスタジオに行くでしょ。そして、ボクが書いたギターやドラムなどのパート別の楽譜を、演奏するプレーヤーに渡す。そうすると楽譜を一《いち》瞥《べつ》しただけで「なんだよ、教則本かよ、これ」「つまんねーな」なんていきなり上から目線でダメ出しされて。

とくに最初の頃は露骨でした。こちらの編曲技術もまだ拙いんで、楽譜は書いても、実際に演奏してもらうまでは今一つ自信が持てない。もし、演奏してもらっても形にならなかったら恥ずかしいし。そんな思いもあって「これ、弾いていただけますか」という感じで、腰を低くして、へりくだっていましたね。銀蝿時代のことを思えば、考えられないくらい世の中の人や仕組みに下手に出ていたように思います。

そんな日々を送っていたある日、スタジオで、たまたま銀蝿時代から何度か一緒に仕事をしたエンジニアの方と再会したんです。そしたら「タクちゃん、そんなもんだよ。アレンジャーとしては新人なんだから」って。それまではベースを弾きに行くたびに銀蝿時代との扱いの違いに愕然として戸惑ってばかりでしたが、なんだかその日は彼の言葉がスーッとおなかの真ん中に落ちてきたみたいな気がしました。不思議ですよね、なんであんなに素直に人の言葉が聞けたんでしょう？　まぁそれは謎なんですが、ただ毎日不満だけをためていたボクが、自分は駆け出しのぺーぺーということに気が付き、ようやく、その頃のぞんざいな扱われ方にも納得ができたんです。

アレンジャーから音楽出版社社員に転身

そこからはただひたすら真面目に仕事をしました。ユニットを組んで歌を出したり、自分の音楽出版社とプロダクションを持ったりして、ＣＭやアニメなんかもいろいろとやりました。が、自分が前面に出てやるようなものでのヒットは出なかったですね。それでもフリーのプレーヤーとしてベースを弾いたり、アイドルやアーティストの曲をつくったりと、次々に手掛けているうちに、また自分のなかの好奇心がうごめきだしました。

今度は楽曲の構成だけでなく、もっと大きな音楽業界の仕組みそのものについても深く知りたいと思うようになりました。そこですでにキングレコードに入社していたジョニーに相談してみたんです。そしたら「だったらどこかメーカーに入ったほうがいいのかもよ」とアドバイスをくれた。そして「じゃ、日音がいいんじゃない？」って具体的な話をすすめてくれたんです。

日音はもとの名を日本音楽出版株式会社といってＴＢＳ系の音楽出版社なんですよ。原盤制作をしたり、アーティストマネージメントをしたりする会社です。そこに30歳になる頃かな、入社しました。タクちゃん、初めてのサラリーマン生活ですね(笑)。

ヒットに恵まれまくったプロデューサー生活

日音に入ってからは、ディレクションを含めてほかのアーティストのプロデュースなどをさせてもらいました。そこで嬉しいことに、アレンジや打ち込みをやってきた技術が役に立ちはじめた。自分も音楽をやっていて、シンセサイザーをプログラミングできるディレクターなんてそういませんから、重宝されていたんじゃないかと思います。おかげで、いろんなアーティストの担当をさせていただくようになりました。

活躍できたきっかけは、槇原敬之くんとも言えるかな。そうマッキーです。担当した槇原くんが、ボクが日音に入った翌年「どんなときも。」でメガヒットを飛ばしました。それが大きな実績となっていろんな仕事につながっていったと思います。

ボクは彼がデビューする前のアマチュア時代に制作したデモテープから聴いてました。カセットテープメーカー主催のオーディションだったと記憶してるんですけど、そこに彼がデモテープを送ってきた。そのテープを聴いて、メーカー側の担当者と「これいいよね」「ビジュアル的に歯並びは直させたほうがいいかな」なんて相談をしてたのは覚えてます。とにかく声と楽曲が当時からずば抜けて素晴らしかったんです。

槇原くんのほかに本田美奈子ちゃん、ミュージカルで活躍した島田歌穂さん、別所哲也くん、原田龍二くんや、TBSのゴールデンのドラマ主題歌も何曲かを担当しました。

日音は音楽出版社ですから、すべてのレコード会社とお付き合いがある。全社が取引先だったから多彩なものが見られて、いろんなジャンルの音楽と出会えました。日音制作部〝秋葉プロジェクト〟チーフプロデューサーとして自分が手掛けた楽曲がオリコンチャートベスト20以内に同時に3曲入っていたこともあります。

ヒット曲にも恵まれて、ラッキーなプロデューサー生活を送っていました。が、そのうち、またボクの悪い癖で、あらたな好奇心がむくむくと湧き上がってきちゃった。今度は自分が発掘してきた新人を、一から売り出すことをやってみたくなった。そのためにはマネージメントまで手を広げた仕事をやりたい。そう思って、日音の子会社のマネージメント会社・日音プロモーションに移ったんです。そこではマネージメントの勉強をさせていただきましたね。

やっぱりステージに戻りたい

こうして、アレンジやディレクション、プロデュース、マネージメントと音楽業界の裏方でいろいろな仕事をやってきましたが、やっぱり心の奥底ではステージ上に戻りたいという思いがずっとくすぶっていたんでしょうね。

だって、日音時代のボクの着ていた私服って、我ながらすごかったですもん。時代もバブルだったとはいえ、頭は金髪。紫色のジャケットや、映画「マスク」の謎の怪人みたいな真っ黄色のスーツとか着ちゃって。裏方の人間とは思えないような、すっごい派手な格好してました。まだ若かったしチャラかったのもあるけど、無意識のうちに自己主張していたんですよね、きっと。本当はスポットライトを浴びたいのに、現実はプロデュースみたいな裏方にまわっている。そんな鬱屈がファッションにも表れてたんじゃないですかね。猛烈に自分をアピりたかったんだと思います。その証拠に、自分が表舞台に立つようになったら、私服のテイストもずいぶん落ち着きましたからね。今は紫色のジャケットなんて、恥ずかしくてとても着られませんから(笑)。

裏方で味わった難しさがもう一つあります。それは「疎外感」。

他人の気持ちがわかる、っていうとちょっと気持ち悪いかもしれませんけど、ボクは相手が今、何を考えているか、がわかっちゃうことがすごく多いんです。それもアーティストの表情や声色からなら当たり前ですが、演奏している指先とか録音されたプレイ、歩いている足元を見て、その思念が伝わってくるみたいなことが多い。

相手の感情がわかったとき、ミュージシャン同士、表現者同士なら、ストレートに互いの気持ちを共有するなりぶつけるなりすればいいですよね。でもプロデューサーとアーティストって往々にして互いの気持ちがわからないふりをしなくちゃいけない。管理する側とされる側、言いたいことを抑えつける側と突き抜けたい側、そんな構図

の中で、必要以上に相手の思いがわかっちゃう。だから「こんなに彼らの気持ちが理解できるのに、この隔たりを乗り越えられない」っていうジレンマが生まれると、そこに自分がいちゃいけないような疎外感に変わってしまって……。どんどんつらくなっちゃうし、本当に嫌な時間でしたね。

日音時代は、会社の名刺があるから、上から目線で扱われることもなく、それなりの待遇を受けるようになりました。だけど、ボクの立場はいつもどこか中途半端でした。テレビ局では「所詮タレントあがりでしょ」という目で見られるし、アーティスト中心のスタジオでは、「どうせ引退した人でしょ」という目でも見られる。どちら側か

らも微妙に距離を置かれているようで、やだなあと居心地の悪さを感じてました。

表に出る側と裏に回る側。面倒見られる側と見る側。だったらボクは見られる側のほうがいいなあ(笑)。根っからの出たがり屋の性分は変えられませんからね。しだいに欲求不満が募り、結局、自分がステージに戻りたくなっちゃったんです。

こうしてボクは'96年4月、35歳で日音プロモーションをやめることにしました。30歳手前で日音に入社し、日音プロモーション時代も含め会社員だったのはたった6年間。とはいえCDがよく売れていた時代で、ミリオンセラーもたくさん出ていましたから、元気な音楽業界の中での濃密な6年間を過ごせました。

そして、今度は培ったノウハウを活かし、横浜銀蝿の復活に動き始めたんです。

期待をかけた横浜銀蝿の復活

すでに音楽業界内の知り合いもずいぶん増えていたので、さっそく「銀蝿復活したいんだけど」という話を日本フォノグラムとビクターエンタテインメントの二つのレコード会社に持っていきました。そしたらビクターがそれ面白そうだねとすぐにノッてくれた。

それじゃあ、嵐さんたちに連絡とるから、社内のコンセンサスとっといてよ。そんなふうに復活話はトントン拍子にうまく転がっていきました。

嵐さんはプロダクションの社長、翔さんはアーティスト、ジョニーはレコード会社勤務、ボクは音楽出版社の経験あり。てことは音楽業界の要素が全部入っているわけです。各自の経験と能力を最大限生かせば最強のバンドになるんじゃないかと、期待も大きく膨らんでいきましたね。

ただ、当初はジョニーを含む4人でやるつもりでしたが、考えてみればジョニーはキングレコードの社員。いくら何でもライバル会社から曲を出すわけにもいかないだろう。というわけで、残念ながらジョニーは不参加。銀蝿復活は3人体制でやることになったんです。

ひとりぼっちの横浜銀蝿になった!?

'98年1月1日。こうして平成の横浜銀蝿が再結成……なんですが、この年は本当に大変でした。

翔さんの事件です。翔さんは前年にも一度逮捕されてましたけど、本人も「実際は違う」みたいなことを言ってたし、不起訴だった。それで一安心して再結成して銀蝿の活動を続けていたのに、また逮捕されて、翌年には実刑判決が下されたんです。

2回目の逮捕の知らせを聞いたときは「え?」って感じで、信じられませんでした。普通に暮らしてたら覚せい剤が手に入ることなんかありえないでしょう。間抜けな話だけどボクが最初に思ったのは、いったいどこで覚せい剤って売ってんの? ってことでしたね。それくらいぴんと来ませんでした。

もともと翔さんは、いや、嵐さんもジョニーもそうだけど、後輩のボクにとってはすごくカッコいい兄貴分でした。まさに憧れの存在。ギターや音楽のこと、車のこと、人付き合いの作法っていうのかな、そういう男としての基本のすべてを教えてもらった人なんです。

嵐さんは突破力はあるけど、大雑把で、大丈夫かなあという不安がよぎる感じがする(笑)。でも翔さんのほうは何事も真面目できっちりしていた。スナックのバイトなんかでも働きぶりが評価されて、カネの管理すべてを任されてた。そのくらい言ってることもやってることも地に足がついてました。

横浜銀蝿のことも、どのメンバーより深く、熱を込めて考えていたし、絶対に横浜銀蝿の看板、イメージを傷つけることは許さなかった。それだけに逮捕の報に接したときは、ただただ落胆しました。せっかくはじまった活動がどうなっちゃうかな、とは思いましたが不思議と怒りはなかったですね。

でもやはり、銀蝿を復活させるため、動いてくれた人たちの結束も見る見るうちに崩れ、所属事務所の嵐レコードからは若いアーティストたちが離れて、事務所の力が急速に失われていきました。ただ、何があってもめげないボクたちは、銀蝿の活動そのものをやめることはしませんでしたけどね。

翔さんあっての嵐レコードですから、いない間どうしようかと嵐さんと話し合い、細々とではあっても二人でライブ活動を続けようと決めたんです。

ただ、その後、翔さんが3度目の逮捕となっちゃったうえに、嵐さんが病気でブッ倒れたときは、さすがに参りました。3人でやってた銀蝿がボクひとりぼっちになってしまったんです。ベーシストだけじゃ、銀蝿をやろうにも、やりようがないですしね。困っちゃったなあ、と天を仰ぎましたよ。

でもそのときはキャロルのジョニー大倉さん、ダウン・タウン・ブギウギ・バンドの和田静男さん、鈴木洋行さんが声をかけてくれて、「ロックンロールオールスターズ」ツアーに参加しました。

もちろん、みんなへの感謝の気持ちはありましたけど、同じくらいの悔しい気持ちも抑えきれないまま銀蝿代表として演奏をしたことをハッキリと覚えてます。そんな時代もありましたね。

嵐さん死なないで！

とはいえ、本当に大変だったのはやっぱり嵐さんだったと思います。翔さんの3度目の逮捕を聞いたのは、ちょうど鮨屋にいたとき。嵐さんにごちそうになってるときでした。事務所から翔さん逮捕の連絡があって「やべえ」って、あわてて二人で事務所に戻った記憶があります。

翔さん逮捕がニュースで知れ渡るとその日のうちに、まず事務所のホームページが炎上。次にボクのホームページも炎上して、事務所には電話がわんわんかかってきました。罵詈雑言や、いろんな嫌がらせが止まんないんですよ。どうも、炎上させる奴らってある一定人数がいて、相手が翔さんでなくても、ひとたび何かあれば、誰に対してもやるみたいですけどね。

塀の中にいる翔さんは、情報から遮断されたところにいるわけですから、そんな状況は知らなかったと思うんですが、実際は本当に大変だったんです。

そこに追い打ちをかけたのが嵐さんの病気でした。'04年、嵐さんが倒れたとの知らせを受けたときはびっくりしました。元気の塊みたいな嵐さんが病気で倒れるなんて想像もしていませんでしたから、それはもう心配で。とるものもとりあえず病院にかけつけると、そこに手術室から出てくる嵐さんがいました。ストレッチャーに横たわって運ばれてくる嵐さんの姿は、今も目に焼き付いて離れません。

意識はなかったと思うけど嵐さんは「う〜、う〜」ってただただ、うなってました。身体中からいろんな管が何本も出ていて、苦しそうなうめき声が本当に痛々しかったですよ。つい昨日までの元気な姿とはまるで別人。ああ、もう本当に嵐さんはこのまま死んじゃうのかもしれないと、不安がこみあげて怖くなるくらいでした。

嵐さんへの恩を改めて思い返す

今の自分があるのはまぎれもなく嵐さんと出会ったおかげです。

最初に出会った頃のボクはビル掃除のアルバイトに精を出す、大学には顔を出さない、名ばかりの大学生でした。バンドを組んでプロを目指す、そう思ってはいたものの、雑誌の「メンバー募集」で連絡を取っただけですから、まだまだイメージ先行でした。実際に会うまでは、嵐さんのことも勝手に矢沢永吉ふうの人だと思い込んでいた(笑)。待ち合わせ場所に登場した嵐さんを見てびっくり。永ちゃんとは似ても似つかぬずんぐりした風貌でした。でも初対面のボクに向かって「俺についてきたら、絶対ビッグにしてやるから」、ですから。強烈なインパクトがありましたよね。

高校出たての頃の5歳上なんて、大変な年齢差でしょ。ものすごく頼りがいがありました。車の免許取りたてで、最初に車を買いに行ったときも、嵐さんが店までついてきてくれた。そして「これ、事故ってるから、もっと値切れるぞ」と価格交渉までしてくれた。ボクは毎日のように、嵐さんが当時住み込みで働いていた雀荘に通い、ずっとくっついてました。ボクは3人兄弟の長男で兄貴がいなかったので、本当の兄貴のように慕って、いろいろお世話になりました。

強引だしワンマンだし、他人の意見を聞かないし。だけど、機関車のようにぐいぐいとグループをまとめて引っ張っていく。結果的には嵐さんのあの強引さがあったから銀蝿をまとめることができたんだと思います。

出会って2年でデビュー。そしてすぐブレイクでしょ。嵐さんと出会って銀蝿に参加してなければ、当然今の自分もないわけですよ。そんな大恩人が目の前で生死を彷徨《さまよ》っているんですから、本当に堪らなかったですね。

よみがえった嵐さんのドラム姿に号泣

幸い手術は成功して嵐さんは九死に一生を得ました。生還してくれてホッとしました。その後リハビリに励む嵐さんのために、銀蝿のドラムにはサポートメンバーとしてアッシを迎えました。そして、2006年に25周年、'10年に30周年、'16年に35周年とコンサートをし、DVD、CDなどもリリースし続けてきたんです。

一時は大丈夫かなと思ってた嵐さんでしたが、リハビリを頑張ってくれたおかげでレコーディングできるまで順調に回復。とくに35周年は、嵐さんがちょうど還暦を迎える年でもありました。そこでボクはこれを機にちゃんと恩返しをしたいなと思ったんです。ボクがプロデュースするから還暦祝いにアルバムつくろうと声をかけた。嵐さんも乗り気になってくれて還暦のアルバムをつくりました。

タイトルは「生涯現役！」。嵐さん初のソロアルバムです。シングルは「俺の生きる道」。レコーディングのときに、翔さんとボクが一緒にコーラスに入ってね、そのときは感動のあまりスタジオで嬉し泣きしましたよ。

一度はもうダメかと思うような危篤状態から、よくぞここまで元気を取り戻してくれた。あの嵐さんが病気を乗り越えて、こうやって、また一緒にやれてる。その嬉しさとこれまで共に味わってきた苦労や楽しかった思い出が走馬灯のようによみがえってきて。感極まって泣いちゃったわけですよ。

ちなみにボクが感涙にむせんでいるとき、スタジオ内の機器の調整か何かでトラブルがあったらしく、ボクの横で、翔さんはブンブン怒っていた。あとでエンジニアの人から「片や泣き、片や怒ってる。ホント変なバンドだな」って呆れられました(笑)。

でも、ボクは嵐さんの回復が本当に嬉しかった。そして、病気以降の嵐さんは、別人のように性格が丸くなりました。今は狸の置物みたいになってるときもあって、とてもかわいらしいですよ。

自己管理が大好きで超マメなメモ魔

銀蝿のなかでは一番年下だったボクも還暦を迎えます。そんななか、人生についていろいろとわかってきたことがあります。特に思うのが人生の充実度とか幸せの分量を決めるのは、周りの環境ではなくて、自分自身の幸せを受け取る才能だってこと。

自分が充実した日々を送れるよう、ボクは日々、自分の体調をコントロールしようと心がけています。

たとえば、「スワイショウ」。ご存じですか？　中国の気功の一種で、腕をぶらぶら振る体操なんですが、これをもう何年も続けています。

ボクの場合は２０００回腕を振るので40分くらいかかりますが、気持ちを整えるのに効果があるようです。ボクには合っているんでしょうね。いわば心と身体の健康法みたいなものです。

そして、朝起きてから寝るまで、何時に寝て、何時に起きた、何をどのくらい食べたか、水を何cc飲んだか、排尿、排便、タバコの本数などもふくめて、身体に関することは時刻入りで毎日すべて記録しています。これは、日音時代からやってる習慣で、外出先で出されたコーヒーなどはその場でメモできないので記憶して帰宅したら即記録します。

息子にも言うんだけど、自分の身体は自分の魂の乗り物。その乗り物をチューニングするみたいな感覚なんですよね。自己管理をすることでメンタル面、フィジカル面ともにきちんと整えておきたいんです。

実際、車も同じです。ボクは車をガレージに入れる度に、その日の走行距離を記録しているんです。ガソリンをいつ、どのくらい入れたか、とかも一緒にね。そうするとコンピューターでは燃費6・8って出てるけど、ホントは7よりいってるな、とか。手計算して記入していますね。

きっと自己満足ですけど、自己管理ができているようで嬉しいんですよ。

あと、人生で心掛けているのはジタバタしないこと。人生にトラブルはつきものなのだから、いちいち過剰反応しなくていいと思っています。超ポジティブ思考なんですよ。ボクは同じ人と2度結婚しました。日音に入社したばかりの30歳くらいで結婚、でもいったん別れたんです。原因はまあ性格の不一致ですね。離婚は大変といえば大変だったんですが、喉元を過ぎれば、さほどの大問題でもなかったな。超ポジティブですからそう考えちゃうんですよ。それでなんでだかまた同じ人と再婚。でも人間ってやっぱりダメなものはダメなんで(笑)、また離婚。ただありがたいことにそんなバタバタするなかでも子供は3人授かりました。長女、長男、次女がいます。現在は元妻と下二人の子供は地方に住んでいて、長女は親権がボクだから彼女だけ東京にいる。元女房は、説明が難しいけど、とにかく一般常識の枠に入りきらないようなファンキーな女性です。子供がいますから、連絡は取り合っていますよ。

リアル「ナニワ金融道」な体験

こういう本なのでお話ししますが、ボクが40代の半ばに差し掛かろうという頃、もう15年以上前の話ですが、父の会社が負債7億円くらいで倒産しました。さっきも言いましたが、父はドイツから車や船舶のバッテリーを輸入販売する専門商社を都内で経営していました。詳しいことは知りませんが、不景気の影響で売れ行き不振に陥り、資金繰りが苦しくなったあげく潰れちゃったってことだと思います。

倒産はともかく、ボクは父の会社の連帯保証人の一人でした。

あるとき父親から「これから借金取りが家に来るけど無視して。ほんとにヤバいと思ったら警察に通報すればいい。俺は都内のホテルを転々とすることにしたから」と告げられました。そしてそう言い置いて、父は自宅から出ていきました。借金取りから逃げるためですよね。父と連絡は取れるんだけど、自宅にいるボクが一時矢面に立たされることになっちゃいました。

当時の我が家は、地下にスタジオと3台分の駐車場がある、3階建て住宅、いわゆる豪邸と言っていい家だったと思います。そんな家の門の前に取り立て屋さんが20人くらい立ってるんですからね。あ、でも最初は漫画の「ナニワ金融道」みたいで面白いな、と思ったけど、やっぱり関西じゃないから言葉が標準語で、ちょっと雰囲気が違いました。

でも見るからに「闇金の取り立てやってます」、みたいな風体の人たちが自宅の周りをウロウロしてるわけですから、いい気分なはずはない。近所の人にもわかるようにこれ見よがしにたむろしてるしね。まあ、普通の神経だと参っちゃうかもしれない状況ですよね。

取り立て屋はとにかく、5000円でも1万円でも取り立てたい。こちらは1円たりとも払えない。なにしろ母親も、一番下の弟も、あと親戚もみんな連帯保証人に名を連ねてたので、お金を返せるあてもないわけです。で、すぐに万策尽きて、結局ボクは自己破産する羽目になりました。

自宅も競売にかけられることになりました。カネがないのはともかく、家がなくなっちゃうのは「困ったな」と思いましたね。ま、仕方ないんですけど。

ジタバタしないボクですが、やはり嵐さんには迷惑をかけちゃいけないなとは考えました。当時、ボクは嵐さんの立ち上げたシルバーレコードの取締役もやっていたので、すぐ嵐さんにだけは連絡して、自己破産するからと伝えて取締役から外してもらいました。

鬱になんかならないですよ。むしろ、7億円もの大金を貸してもらえてたこと自体がすごい、親父は借金の天才なのかもしれないなあなんて妙に感心してました。ボク、ダメージを引きずらないんですよ。心労もうまく頭の中から逃がすことができたんですよね。

自己破産という現実について

　ボクは自分の住宅ローンも組んでいて、そちらだけでも1億2000万くらいあったかな。でも父が借金してたのと同じ銀行で借りてたので、自己破産によって親父の借金だけじゃなくボク個人の住宅ローンもまとめてチャラになったんです。家や土地は取られちゃったけど、借金も残らなかった。だから、まだマシだったと思います。あれで、家の借金が残ってたら大変ですもん。フフフ、これもポジティブ思考です。

　自己破産したあとは、自由財産として所持していてもいい現金38万円が手元にあったきり。生命保険もすべて解約。クレジットカードもパスポートも当分の間、持てなくなりました。ホームセンターで買い物なんかしてるとよく、カード作りませんか、なんて声かけられますよね。ああいうのも何度か記入したけどやっぱり数年間はダメでした。精神的には大丈夫でしたけど、経済的にはちょっと大変でしたね。

　知ってます？　自宅が競売されたあとは、元の所有者、つまりボクたちに居座られても困るから、家を買ったほうの人が、引っ越し代を出してくれるんですよ。そんなことも経験しないとわからないから、自己破産で貴重な体験をしたなと思ってます。で、その立ち退き料をもらって東京から横浜の借家に引っ越しました。

引っ越してすぐに父親は末期癌で入院。この期に及んで親父は病院の先生に「療養のために、この近くに家を買って引っ越してきました」なんて見栄張ってね。自己破産の末の借家なのに。アハハ。そういう人でした。最期の最期まで社長癖が抜けないまま、幸せな雰囲気で旅立ちましたね。

結局、父も倒産のストレスから病気になってあっという間に死んじゃったんだと思います。つくづくストレスは身体によくないと思いましたよね。

ボクは、もともと物欲や金銭欲はあんまりないほうかもしれないですね。車は大好きだし、おカネもある程度は必要だけど、投資のこと勉強して儲けようなんて思わないですもん。おカネに執着あるなら、音楽なんかやらずに絶対投資家とかになってるはずですから。

横浜銀蝿40thが始まった

今回の40thの件についてもお話ししましょう。

レコード会社と音楽プロデュースの仕事だからジョニーとは割と接点があって、ときどき一緒に飯食ったり、頼み事したりされたりする関係が続いていました。銀蝿35周年の頃から40周年でジョニーと一緒にできないかな、と思いはじめました。きっと、60歳くらいだし定年になるから、一緒にできるんじゃないかと思いついたんです。

でも渋谷で飯を食ったとき、喉元まで出かかったけどなんとなく言い出せず、そのまま帰っちゃった。それを後悔して、後日、「銀蝿の40周年だから一緒にアルバム作ろうよ」ってメールを送ったんだよね。そしたら既読スルーされちゃった(笑)。あれー? スルーされちゃったよー。でもよく考えれば、銀蝿は翔さんとジョニーの同級生が核となって生まれたバンド。だったら、翔さんから言ってもらったほうがいいんじゃないかと思い直しました。もっともボクの誘いは既読スルーされてるから、翔さんが誘っても断られるかも、と一抹の不安はありましたけどね。

結局、プロデューサーの水橋さんを偲ぶ会で二人が再会して意気投合。最終的には40thをやれることになったから、本当に良かったですよ。

ベーシストとしていつか叶えたい夢

40th結成のきっかけになった水橋さんですけど、その昔、まだデビュー前のデモテープを録音してる頃、タクちゃんは譜面さえ読めればすぐにスタジオプレーヤーになれるよって言ってくれたんです。その言葉がすごい励みになって、それ以降生まれ変わったように練習するようになった。

今もボクはベーシストとしてのトレーニングは続けています。とくにこの10年は一所懸命で、一日8時間でもベース練習してますよ。

大好きな矢沢永吉さんがベース持って出てきたら負けちゃうかもだけど、エイトビートのロックンロールに関しては、誰と戦っても負ける気がしない。なのに銀蝿はつっぱり、暴走族、スリーコードのロックンロール、というイメージだけが一人歩き。風俗としては残ったけど、音楽的に正当に評価されることがなかった。こっちはグラミー賞とってもいいでしょってくらいの気持ちでベース弾いてるのにね。ボクは横浜銀蝿のサウンドに誰も注目してくれないのが一番悔しいんですよね。

あ、そういえば、一度、矢沢永吉さんに手紙を書いたことがあります。高校時代は矢沢さんの「成りあがり」に、アンダーライン引きながら夢中になって読んでましたし、キャロル時代の矢沢さんの影響はとっても大きかった。

そんなボクにとって銀蝿というバンドで、やりたいことはだいたいやらせてもらったけど、唯一、かなわなかった夢が矢沢さんとの共演だった。矢沢さんに憧れて音楽の世界に入って、一度でいいから一緒に演奏したい。あなたの心のドアを開けたい、ってまるで恋文みたいな手紙書いたの。投函後は思い切ってラブレターを出したときの中高生と同じくらいドキドキしたなぁ。そしたら後日マネージャーの方から丁重な連絡をいただいて。「あいにく矢沢のバンドメンバーはもう決まってる人がいるので」って。でも、連絡をいただけただけで感激しました。

今はとにかく練習を続けていますが、どんなに技巧を磨いても所詮芸事だから、ボクが死んじゃったら技も消えてしまう。だから宮本武蔵の「五輪書」じゃないけど、せめてメソッドを書き残せないかなと思っています。

年齢を重ねて奥行きある音楽になった40th

今回40thの活動でジョニーが加わって改めて思ったんですけど、銀蝿ってやっぱり4人いてバランスが取れていたことがよくわかりました。

嵐さんは銀蝿のランドマーク的存在だし、翔さんはミスター・銀蝿。二人は兄弟だから生まれたときから一緒にいて、公私ともにザ・銀蝿の純粋培養なんです。

いっぽうジョニーやボクは、外の釜の飯食ってる分、もう少し客観視ができる。あと、ボクだけ東京出身なので、なおさら横浜へのあこがれとかもふくめて、外側からの視線で見ることができるんじゃないかな。

だから3人より4人のほうがすべてがしっくりいく。

先日何百枚もの色紙にサインしたんですけど、3人のサインだとバランスが悪いんですよ。この20年間3人のサインに慣れてきたはずだけど、筆跡もそうだし、4人が揃うとやっぱりまとまるんですよね。

それから銀蝿メンバーはカネに執着しないところもいい。よくバンド内でカネの配分で揉めることがあるけど、そういうのないし。

若い頃は何かやるとき、こういうことをやればカッコいいし女にモテるんじゃないか、と外からの視線をいつも気にしていました。なんて言うのかな、ホルモンに支配されて自分のやりたいことが少し歪められてた気がするんです。ところが今はホルモンの支配が消えて、本当に自分のやりたかったことが明確に見えるようになった。

だから今回は歌詞も還暦をすぎたリアルな世界を追求するようになりました。

40th

の歌詞は20代の頃とはずいぶん変化しましたよね。60歳前後のウソ偽りのない思いをロックンロールで表現しています。

今の4人、本当に面白いと思いますよ。

気持ちだけは「飛び出せ！青春」

それぞれが年齢を重ねていろんな経験を積んできたでしょ。当然昔は4人似たり寄ったりだったものが、今はずいぶんと変わってきた。それぞれ病気したり、離婚したり。各自背負うものや価値観も大きく違ってきて、当然人生の優先順位だって変わってくる。音楽的なことだって、リテラシーも違えば、経験値だって違う。お互いの違いがより大きくなった分、4人集まると立体感が出てきて面白くなったと思うんです。銀蝿の音楽は以前より奥行きが出たんじゃないかな。

ただ、最近は、肩は凝るわ、指は動かなくなるわ。老体に鞭打ってやってるわけですよ。レコーディングはスタジオでは座って弾けるから全然問題ないけど、ステージってそうはいかない。この前も幕が開いた直後から、膝が抜けちゃって。痛くて力は入らないし、後半は足がつっちゃうし（笑）。ステージはスポーツみたいな世界ですからね、身体はきつい。でも幸せ。

これからどこまで行けるのか、すごく楽しみです。すでにジャンプ台を飛び出してますから、あとはどこまで飛距離を伸ばせるか、ですよね。

Johnny

Johnny ／Vo. & Gt.

生年月日 1958年５月９日生まれ
身長 170㎝
血液型 たぶんO型
趣味 ゴルフ（アベレージは90前後　ベストスコア81　ハーフベスト38）
釣り（ゴルフが好きになる前は、毎週釣りに行っていた。磯釣りがメイン）
スポーツジム通い（32歳くらいから30年近く続いている。週2〜3回）
家庭菜園（毎年いろんな野菜を育てている。
無農薬栽培なので、害虫、病気との闘い）
特技 車の運転　身体が柔らかいこと

40周年を迎えて一言

人生って何があるかわからなくておもしろいですね。
2018年の11月まで、
まさか自分がまたステージに立つなんて思っていませんでした。
皆さんに会えることを楽しみにしてます。

アーティストからスタッフへの一大決心

横浜銀蝿がデビューしたときは22歳。そして25歳のときに解散しました。3年3ヵ月の短い期間だったけど、こんなに充実した時間はそれまでの人生ではなかったし完全燃焼しました。

解散後は30歳でキングレコードに入社するまで、ソロで音楽活動をしていました。シングルも何枚か出して、アルバムもつくり、作曲も続けていた。とはいえ、正直、銀蝿時代ほどの手ごたえも勢いもありませんでしたね。

27歳で結婚。高校時代のクラスメイトです。妻とは横浜銀蝿時代からずっと付き合ってましたので、一番の理解者ですね。解散後のソロ活動も応援してくれて、頑張ってやっていこうと思っていましたが、なかなか思うようにはいかなかったですね。次第に先細っていくのが自分でもわかってましたし、苦しいときは六本木のクラブで皿洗いなんかもやっていました。

それでも音楽でもう一度成功したいと思っていたのですが、29歳のときに子供が生まれて考えが変わりました。

それまでは自分の好きなことをして、妻も文句も言わずに支えてきてくれていましたが、これからは家族のために生きていこう。そう思い、音楽活動の表舞台を降り、キングレコードの社員になる道を選びました。

横浜銀蝿もキングレコードの所属でしたし、結婚式の仲人もキングレコードの社長。もともと縁が深かったので、入社はわりとすんなり決まったんです。

よく、ジョニーさんはバンドでも成功して、サラリーマンでも偉くなって順風満帆ですね、と言われますが、外から見てるからそう思うだけ。長く生きていると、当然いろいろありますよ。

今振り返れば大したことじゃないと思えるけど、アーティストからレコード会社社員への転身は、当時の自分にとって、一大決心でした。いろいろと悩み考えた末、入社を決めるまでには大きな覚悟が必要だったんです。

ほかの世界の人たちから見れば、同じ音楽業界なんだから、大差ない職業のように感じるかもしれません。でも、まったく違うんですよね。いい曲をつくって、多くの人に聴いてもらいたい。その気持ちは同じです。でも、アーティストとスタッフでは、全然違います。

横浜銀蝿時代、大スター並みにちやほやされたわけじゃありませんが、それでも俺たちが楽屋にいれば、誰かがお茶を出してくれました。それが、レコード会社の社員となれば、今度はスタッフとして自分がお茶を持っていく立場になるわけです。お茶を出すのがイヤだというわけではなく、例えば昨日まで代議士だった人間が今日から秘書になる。それくらい立ち位置が変わるということです。

そんななかでは、新しい自分に生まれ変わるくらいの覚悟がなければ、スタッフとしてきちんとアーティストを支えていくことなどできません。気持ちを切り替えるため、何か大きな理由付けが必要でした。そういうものがないと、自分を納得させて前進することができなかったのかもしれません。

人生初のサラリーマン生活スタート

そこで俺は「音楽史に残るアーティストをつくる」と心に決めました。こうして言葉にするとなんだか小学生の夢みたいだし、「志」なんて言うとおおげさかもしれませんね。でもそれくらいの覚悟で臨まなくちゃダメだ、と心底思ってました。

その目標にしたのには理由があります。自分のなかで横浜銀蝿というバンドは、芸能史にはしっかり足跡を残せたと思っているんです。たとえば'80年代の芸能界を語るとき、山口百恵さんの引退、たのきんトリオの活躍、みたいな流れで、横浜銀蝿は芸能史には残っているとは思います。けれども、音楽史を紐解くとき、残念ながらそこに俺たちの名前はない。'80年代の音楽の変遷、RCサクセションやサザンオールスターズ、YMOなどと一緒に語られることはあまりないんです。

だから、今度はレコード会社のスタッフとして、絶対に音楽史に残るアーティストを世に出そう、そう思いました。覚悟を決めるまでは時間がかかったけれど、いったん決意してからはもう迷うことはありませんでした。

会社員として人生の再スタートを切ったわけですが、入社したてにイヤなことがありました。俺の強い決意などあずかり知らぬ役員から、名刺に「Ｊｏｈｎｎｙ」と入れるようにと指示されたんです。表舞台の顔を捨てて不退転の覚悟を決めて入ったのに。なんで今さら銀蝿時代の栄光にすがるようなことをさせるのか。あのときは本当にイヤでしたね。結局名刺には入れませんでしたけどね。

ああ、でも、タクは俺とは真逆のタイプでしたね。一時彼は日音という音楽出版社の社員だったんですが、その頃の名刺に自ら「ＴＡＫＵ」と明記してましたから（笑）。銀蝿のメンバーって、ホントそれぞれで面白いですよね。

思いのほか楽しかった制作現場

入社して最初に配属されたのは制作部です。基本的にその後もずっと制作畑で、主にアーティストのディレクションを担当しました。

どういう方向性で曲づくりをしていこうか、アレンジはどうするのか、歌詞はどんなふうにしたほうがいいのか。アーティストと一緒に音楽をつくっていきました。

バンドとかシンガーソングライターには、アレンジの方向性のアドバイスや、コードワークのサジェスチョンをしたりし、アイドルの女の子だったら、この子にはどういう楽曲が合うのかを考え、そのイメージに合う曲を書いてくれそうな作曲家や作詞家に発注したりすることが仕事でした。

まあ、音楽活動の延長線上の仕事ですよね。そもそも、いきなりほかの部署に配属されても、営業とかはやったことないし、できるはずもない。音づくりならそれまで銀蝿でやってきた実績もあるし、自信もありました。キングレコードの上層部も、わかっていたから俺を制作に入れてくれたんでしょう。

キングレコードの制作部門は当時「ニューミュージック・ロックセクション」「アイドル・ポップスセクション」「演歌セクション」の三つに分かれていて、ほかにアニメなどもあったけど、俺が入ったのはアイドル・ポップスセクションでした。

最初に担当したのは、アイドル歌手としてデビューしたばかりの高橋良明くん。TBS系列の連続ドラマ「うちの子にかぎって…スペシャル2」などで人気に火がつき、すぐに「オヨビでない奴!」で主演。「天使の反乱」など、出したシングルは次々とオリコンのトップテンに入るくらいでしたから、会社の期待も大きかったんです。

ところが'89年、オートバイの事故で亡くなってしまった。初めて担当した歌手ですし、バリバリの人気アイドルだったし、彼も俺のことを兄貴と慕ってくれていたので、大きなショックを受けました。

'90年代に入ると、中山美穂さんの現場をやらせてもらったり、的場浩司くんを担当したりしました。俺は中山美穂さんの3代目のディレクターとなり、「HERO」「未来へのプレゼント」などの楽曲を担当。的場くんは横浜銀蝿が好きで、銀蝿の曲をほぼ全曲歌えましたね。お互い矢沢永吉さんが好きで、一緒に武道館にコンサートを見に行ったり、車の話をしたり、レコーディングの合い間にギターを教えてあげたり、楽しくて充実した日々でした。

CD不況でリストラの嵐が吹き荒れた

そうやって、制作部門でいろいろなアーティストと一緒に音楽をつくる仕事を続けてきましたが、会社員ですから、いいときばかりではありません。40代でつらい時期も経験しましたよ。

日本の音楽市場は'98年をピークにCDの売上金額が減少に転じました。いわゆる〝CD不況〟です。キングレコードも例外ではなく、厳しい状況に陥り、リストラなどが行われたのです。俺のいたアイドル・ポップスセクションはこの頃になると「第2クリエイティブ事業部」と名称が変わっていました。

経営立て直しのため迎えた新社長のもと、いったい何が業績不振の原因なのか、社内でリサーチが行われ、各セクションの問題点があぶり出されました。

その数年前まで第2クリエイティブ事業部は中山美穂さん、森口博子さん、内田有紀さんなどのおかげで、キングレコードの中でも売り上げの中心でした。しかし、CD不況で売り上げも激減。すると、屋台骨を支える存在だったはずの第2クリエイティブ事業部は莫大な宣伝費をかけてるわりに、売り上げが立たないお荷物部署になっていたことがわかったんです。会社の足を引っ張ってる元凶が判明すると、企業としては当然の結論が下されます。第2クリエイティブ事業部は縮小されることになってしまったんです。

行き場のなくなった俺は40歳を過ぎて、それまでやったことのないアニメと声優さんを扱う部署の宣伝部に配属されました。気持ち的には「飛ばされた」と感じてましたね。

その仕事をやっている方には失礼なんですけど、それまでキングレコードに入社して10年間、音楽の制作しかやってこなかった俺にとっては青天の霹靂《へきれき》。宣伝部への異動は、左遷《させん》の意味にしか受け取れなかったんですね。

初めて知ったサラリーマンの悲哀

そして任されたのはアニメ・声優部門の「局担」。

局担とはテレビやラジオなどの放送局担当という意味で、クリエイティブ部門に配属になった新入社員が最初にやる仕事です。キングレコードから出るCDを持って各放送局を回り、「今度こういうCDが出ますので、ぜひかけてください」と売り込んでいくんです。どんな媒体があるのかを新人に把握させるための第一歩なんですが、宣伝のなかでもクリエイティブ、というよりはどちらかというと「足」をつかって実績を積み上げてゆく地道な仕事です。俺はラジオ局の担当でした。アニメ・声優セクションの局担なのでアニメソングや、声優さんの曲などのCDを持ってラジオ局に売り込みに行くわけです。

新人がやるような仕事を40歳を過ぎてやる羽目になったわけですから、けっこうつらかったですね。これでも一応、中山美穂さんのヒット曲を手がけるなど「それなりの実績があったディレクターなんですよ」っていう思いがなかったと言えば嘘になります。この時期、同じように納得がいかない配置転換をさせられた仲間のなかには、屈辱だと感じて会社を去ってしまった人が何人もいました。その当時やめた人のなかにはその後ユニバーサルの宣伝部長、ヤマハの宣伝部長、クラウンの制作部長、BUMP OF CHICKENのプロデューサーなど成功した奴が大勢いて、それは嬉しいんですがキングレコードは大きな財産を無くしたなと思っています。

正直言って最初は落ち込みましたよ。ラジオ局に行けば知り合いも大勢いる。中山美穂さんや的場くんがゲストで呼ばれたときに、一緒に現場に行ってましたからね。それが突然、声優さんのCDを持って売り込みに来るんですから向こうも驚くじゃないですか。当然「あれ？　なんでジョニーさんが局担なんかやってるの？」となる。つらかったですよ。「なるほど、これがサラリーマンか」と今さらながらに実感しましたね。

ただ、根がポジティブなんで、そのとき「いや、これも人生だ」と前向きに受け入れることにしました。俺だけじゃない、きっと世のサラリーマンは多かれ少なかれ、こういう思いで踏ん張ってるんだろうし、40歳を過ぎて局担なんて、逆になかなか経験できないこと。せっかくの機会なんだから、拗《す》ねてないで、積極的に頑張りたいな、どうせやらなくちゃいけない仕事なら楽しんでやろう、と思い直しました。

そう切り換えたら、局担のいいところも見えてきました。それは「外向き」の仕事だってことです。それまでの制作部門では、アーティストと向き合う時間が圧倒的に多く、知り合いといえばほぼ顔ぶれの変わらない「身内」だけ。派手なイメージがあるかもしれませんがレコード会社にいても意外と名刺の数は増えていかないんです。

ところが局担は宣伝しながら放送局を回る仕事ですから、一所懸命やってるうちに自然と知り合いが増えていく。気がつけば、放送局を中心に人脈がどんどん広がることになりました。

サラリーマンにとって人脈は大きな財産です。あの頃はそこまで考えてはいませんでしたが、このとき培《つちか》った人脈が、のちのち、いろんな場面で俺を助けてくれることになりました。

どんな出来事にも、きっと意味がある

局担を2年間やった後、人事異動があり、今度はインディーズ系のセクションに行くことになりました。俺が移った「ベルウッド・レコード」はキングレコードの系列会社で新人育成のためのインディーズレーベル。当時、いきなりメジャーでアーティストをデビューさせてもなかなか売れないので、自社でしっかり育成してから、メジャーでデビューさせようという発想で、それまで休眠していたベルウッド・レコードが再始動することになったんです。そのときの社長が、俺を適任者ということで呼んでくれて、インディーズといえども音楽制作の部門に復帰が決まりました。今のベルウッド・レコードは、レーベルのほかに、アーティストマネージメントも行う会社になっていますが、当時はスタッフが全部で4人。メジャーのキングレコードとは異なり小さな会社でした。この4人で全ての業務を行っていましたので、自分たちで音もつくるし、売り込みもやる。制作、宣伝、営業の担当者がそれぞれ分かれているキング

レコードとは違い、何から何まで自分たちでやらなきゃいけなくなりました。

そんなとき、役に立ったのが局担時代の人脈です。あんなにイヤだと思っていた局担でしたが、このときは、やらせてもらえたことに感謝しました。

もしキングレコードの制作しか知らないまま、いきなりインディーズに異動していたら、音をつくる以外のことは何もできなかっただろうと思います。テレビ、ラジオ、新聞社などに知り合いもいないし、どうやって売り込んでいったらいいか、皆目見当もつかなかったでしょう。ところが、アニメ・声優セクションの局担を懸命にやったおかげで、その人脈がそのままインディーズの売り込みに非常に役に立ちました。

ちなみにタバコはこの頃にやめました。

悲喜こもごもの2年を過ごして、インディーズといえども念願かなって制作に復帰できたので、今度はここで、きちんと結果を残したいと思いました。絶対にオリコンの左ページに載るようなヒットアーティストを出すんだ。そこでまずは50位以内に入ること、を目標に決めました。そして願掛けのために禁煙を誓ったんですよね、浪花節ですけど。タバコをやめられるくらいの気持ちがなければ、インディーズでヒットアーティストなんかつくれっこない。そう思ってすっぱりやめました。

頑張れば、やりたいことができる日が来る

そして、目標を達成することができました。「Elysion―楽園への前奏曲―」でデビューしたサウンドホライズンというアーティストが、ランクインしたんです。これは嬉しかったですね。最終的には10万枚くらい売れたんですよ。16年ほど前の話になりますが、10万枚はけっこう大きな数字ですよ！　今はポニーキャニオンに移籍していますが、そのサウンドホライズンの別ユニットがリンクトホライズン。'13年のNHK紅白歌合戦でアニメ「進撃の巨人」のテーマソング「紅蓮の弓矢」を歌ったグループです。

ここでも、銀蝿時代の経験が役に立ちましたね。オリコン1位、アルバム1位、武道館満タンのような、明確な目標を持ったほうが、頑張りやすい。漠然とヒット曲を出

したい、とか、会社の中でなんとなく偉くなりたい、といった曖昧な願望だと、実際に何をやればいいのか見えてこないじゃないですか。それよりも数字でも何でもいいから、具体的な目標を持つと、今何をどのくらいやっておくべきかといった、プロセスが見えてくると思うんです。実際にどうやって階段をのぼっていくのかイメージできれば、目標ってずっと達成しやすくなるんじゃないかな、と思います。

そして、どんな状況になっても、何事も腐らずに一所懸命やっていれば、めぐりめぐって自分の身になる。言葉にすると、当たり前のことだけど、自分が懸命に努力することが、自分自身を幸せにしてくれるんだなと実感しました。

こうして今日までやってこられたのは、間違いなく局担時代の経験があったからだと思っています。だから、新入社員を対象とした研修会で話をするときは、必ずこのエピソードを語ります。配属先がたとえ自分の希望通りでなかったとしても、腐らずに一所懸命やっていれば、いつかきっとやりたいことができる日が来るよ、って。人生に無駄なことなど一切ない。本気でそう思ってます。

若いときはイヤなことや、さまざまな葛藤を感じても、一喜一憂することはないと本当に思います。何が幸いするかなんて、後になってみなけりゃわからない。「人間万事塞翁が馬」と言いますが、あれは真実だと思うんです。

サラリーマンの世界ですから、昇進はもちろん嬉しいことだけれど、出世というものに重きをおいたことはなかったですね。俺にとっては肩書よりも制作部門で何ができるか、が重要でした。

あ、でもぶっちゃけて言いますが、キングレコードの執行役員になったときは嬉しかったです。その部門の業務執行の決定権が持てましたから。上司がいると、どうしても上司の意向を尊重しなくちゃなりませんが、これからは自分が決められる立場になった。自分のビジョンを実現させていけることは、やっぱり楽しいことじゃないですか。'13年にはベルウッド・レコードの代表取締役にも就任しキングレコードの執行役員と兼務していましたが、還暦を迎え現在はベルウッド・レコードの代表取締役社長専任で仕事をしています。

音楽との出会いのきっかけは「溶連菌」

自分の人生を振り返ると、どこに幸せの種が転がっているのかなんて、本当に時間が経ってみないとわからないことだなあと実感します。

小学生時代の俺はスポーツ少年でした。サッカーもやるし、野球もやる。運動神経が良くて背も高かったので、クラスの人気者でした。ところがあるとき溶連菌感染症という病気になり、心臓が肥大し、3ヵ月入院することになりました。小学校5年生で病気が発症してから中学を卒業するまでの5年間、体育の授業は全て見学でした。これで人生が一変しましたね。

子供って残酷ですからね、久しぶりに学校に行ったら、それまでは女の子たちからきゃーきゃー言われていたのに、ひ弱になった浅沼くんの周りからは潮が引くように女の子が離れていきました。子供心にも世の中の無常を感じましたね。

でも、この病気にかからなければ今の自分はいませんね。それまでは音楽にはまったく興味を持っていなかったのですが、入院した病院のベッドで、初めて耳にしたのが洋楽です。ビートルズ、キャロル・キング、カーリー・サイモン、ビリー・ジョエル、ギルバート・オサリバン……。ラジオ関東の「全米トップ40」で、初めて洋楽に触れて、衝撃を受けました。なんてカッコいい音楽なんだろう、と。そこからにわかに音楽に目覚めたんです。

当時日本では歌謡曲が全盛だったんですが、吉田拓郎さん、泉谷しげるさんや、井上陽水さんが登場し、フォークソングブームが湧きおこっていました。ギターを奏《かな》でながら歌う彼らの姿にあこがれました。自分でもギターを弾きたくなり親に頼んでフォークギターを買ってもらった。これが、ギターをはじめたきっかけです。

病気をする前は、勉強も体育以外はオール3くらいのごく普通の成績でした。病気になってからは、今度はスポーツ以外のことで、自分の存在感を示したいと思ったんですね。ギターはその一つだったんですが、勉強も頑張りましたよ。小学校5年生の1学期はまったく学校に行けなかったけど夏休みに猛勉強をして、成績は落ちることもなく、むしろ上がったくらいでした。中学生になってからは、勉強もできる不良ってなんだかカッコいいなと思いはじめて、そういう友達との交流がはじまりましたね。

そして高校に入学すると同じクラスになった翔くんとたちまち意気投合ですよ。高校に入ってようやく本当の仲間ができたと思えました。さらに翔くんのお兄さんの嵐さんに出会い、そこから横浜銀蝿が誕生するんです。

だから、もし、小学生のときに病気にならなければ、音楽に興味を持つこともなかったし、ギターをはじめることもなかった。あの重い病気があったからこそ、音楽に出会えて、ずっと音楽を仕事にして生きてこられた。今の俺があるのは、病気のおかげとも言えるんです。

ね？　そうなると、一見不運だと思えた出来事も、幸せのはじまりだということもある。ホント何が幸いするかなんて、すぐにはわからない。だから、ほら、やっぱり人間万事塞翁が馬、なんですよ。

苦労をかけた母のこと

子供の頃に病気をしたこともあって、どちらかと言えば過保護に育てられた気がします。

横浜銀蝿のデビューは22歳の大学4年のときでした。同じ学年の他の学生が就職活動の時期に、どうしても音楽をやらせてほしいと言った俺に、母は「大学だけは卒業するように」とだけ言いました。中学のときに父が亡くなり、母親はビール瓶を作る工場に勤めて学費を稼いでくれました。女手一つで育ててくれた母の苦労を知っていたので、大学卒業の約束だけは絶対守ろうと思っていました。

だから俺は、とても忙しかった銀蝿時代も、できるだけ授業は出ていました。工学部で実験が多かったから大学4年生を4回もやることになって、結局7年かかりましたけど、約束通り卒業しました。

おかげさまでその母は健在で、今は弟夫婦と暮らしています。

妻との出会い、そして親になってわかったこと

妻は翔くんと同じく神奈川県立柏陽高校1年生のときのクラスメイトでした。付き合い始めたのは高校3年のときから。高校時代はけっこうモテていたので、いろんな女の子と付き合っていたんですが、たまたま高校3年生のとき、フリーだったんで地元・戸塚のお祭りに一緒に行く人がいなくて。それで「一緒に行かない?」って声かけたのがはじまりです。7月14日のことでした。

最初のデートは、軽い気持ちで誘ったつもりでしたが、彼女は頭がよくて、真面目で清潔感がある女性でした。当初は真面目過ぎるかなと思っていたんですが、徐々に結婚するならこういう人がいいと思うようになりました。堅実だし、ニュースなんか見ていても、物事に対する感じ方や考え方が俺と似ている。価値観やちょっとした金銭感覚も違和感がなくて、そのまま交際が続き27歳で結婚しました。

29歳で子供ができたのを機にサラリーマンになったくらいですから、家庭は大切に

してきましたし、今でも妻は一番の親友ですし、同志です。

子供は長男、次男、長女の3人。上はもう30を超えていて、一番下の娘が'20年に大学を卒業します。

息子二人は音楽とは関係ない仕事に就いています。正直、歌手とかになってほしくはなかったのでほっとしています。だって普通の仕事は努力すればある程度報われるけれど、音楽の世界は努力だけじゃどうにもならない。9割が運。銀蝿はたまたま運を持っててブレイクしたけど、自分の子供には音楽や芸能関係ではなく、努力が報われる仕事についてほしいとずっと思っていました。

一番下の女の子はかわいくてね、ずっと溺愛してます。妻は息子二人をかわいがって、一緒に娘の悪口を言ったりしてますが(笑)、俺は娘と仲良し。お財布代わりにされていることはわかっていても、街を一緒に歩いてくれるだけで嬉しくなる。典型的な親バカで、いいように転がされてますよ。

長男は今どき珍しい車好きで、俺と似ていますね。高校時代はすごくやんちゃで、家出して妻のことを泣かせたりしてましたよ。でも今は、妻に対してすごく優しいですからね。昔っぽいタイプだなと思います。いっぽう次男はおとなしくて冷静で繊細ですね。性格は俺に一番似ています。長男とは対照的ですが、それぞれ個性的で、家族同士仲が良くてありがたいことです。

子供の頃、厳しい親父が疎《うと》ましくて嫌いだったけど、自分が親になって、初めてうちの親父もこんなふうに俺を見ててくれたのかな、と思うようになりました。子供が生まれて初めてわかりましたが、子供がかわいくない親なんてこの世にはいない。厳しいことを言うこともあるけれど、心配だからこそなんですよね。俺も世のお父さんと何ら変わらないですよ。子供たちには、〝あのときこうしとけばよかった〟という後悔だけはしないように、それだけは伝えています。

妻との関係ですか？　もちろん良好です。俺は従順ですよ。口答えはしないし、全て言うことを聞くようにしています（笑）。何もかも妻の言いなりですね。スーパーに買い物に行っても、絶対に妻に重いものは持たせないですし、娘にも重いものは持たせませんしね。

ただ、今振り返ると仕事、仕事と夢中になるあまり、子供の進学問題とか家のことは全部妻ひとりに任せちゃった。あれはよくなかったと今になってちょっと反省してます。

ゴルフにのめりこんでいたけれど

'18年に久しぶりに翔くんと再会して再びギターを弾くようになるまで、けっこうのめりこんでいたのがゴルフです。インディーズとしては異例の大ヒットを出した後、再び古巣のキングレコードへ呼び戻されました。今度はJポップの宣伝制作部長です。すると立場上、音楽業界のゴルフコンペに出なきゃいけなくなりました。

それまでゴルフをやった経験がなかったわけではありませんが、そんなに面白いとは思っていなかった。最初のうちは、仕事上のお付き合いだからまあ参加しようか、という程度でした。が、回数が増えると、それなりに上達していきます。そして一度、大きなコンペで優勝したら、がぜん面白くなってきちゃった。いつの間にか左手にはしっかり〝ゴルフだこ〟ができるほど、夢中になってました。あ、でも二年越しの猛練習で、今はまた、〝ギターだこ〟の手になりました。今年はツアーもあるし、バンドの練習の時間もしっかりとってます。ラウンドの回数も減ると思いますから、ゴルフは少し下手になっちゃうんでしょうね。音楽活動は楽しいんですけど、それだけはちょっと残念かも。ゴルフは回数ですからね。

悠々自適のスローライフ計画を変更

60歳になったのを機に、改めて自分の人生を振り返ってみました。いろんなことがやれて、刺激的な人生だったし、いろんな景色も見られた。何より、ああ頑張ってきたな、という満足感がありました。だからもう、このへんでいいかなとも思えたんです。

ベルウッド・レコードの社長ではあるけれど、還暦を迎えたことで一応ひと区切り。音楽人生はもう十分満喫したから、これからは音楽とも離れて、ソフトランディングで、趣味を中心としたスローライフに乗り換えていこうと思っていました。

音楽はつくる側から聴く側にまわり、家庭菜園、釣り、陶芸。それから海に行って犬と戯れてみたり、サーフィンもやってみたい。今まで真剣に勉強したことがなかったから、社会人の大学院に通ってみようかな。そんなふうに、これからの充実したセカンドライフをいろいろと考えていたんです。

ところが、'18年の11月に、横浜銀蝿時代にお世話になった水橋春夫さんを偲ぶ会で何十年かぶりに翔くんと再会した。「いやあ、久しぶり、最近どう?」なんて声をかけられて。横浜銀蝿40thの話が出て「一緒にやらないか?」と誘われるその瞬間まで、自分が再び音楽をやることになるなんて、まったく考えてもいませんでした。誘われたときも、その場で「もうギターを弾いていないし、無理だ」と即答しました。

キングレコードでディレクターをしていた頃は、ギターを弾くこともあったけれど、制作現場より全体を統括する仕事が増えていくと自然とギターに触ることもなくなりましたからね。昔のギターは屋根裏部屋にしまいっぱなしでしたから。

ただ、翔くんと再会したのが、水橋さんを偲ぶ会だったことが心のどこかでひっかかってました。日本ロック界の先駆者だったバンド「ジャックス」のギタリストで、キングレコードのプロデューサーとして銀蠅を育ててくれた大恩人の水橋さんが「一緒にやったら?」と耳元でささやいてるような気がして。「じゃあ、練習してみるから少し時間ちょうだい」がきっかけで現在に至っています。

こうして、俺のスローライフ計画は大幅に変更されることになりました。

楽しくて楽しくて

10代でバンドをはじめた頃は、周りの評価ってまったく気にしなかったんです。自分たちがカッコいいもの、やりたいものをやって、いい曲がつくれればそれでよかった。

ところがレコード会社に入って、役職がだんだん上がってくると、そうとばかりは言ってられなくなる。音楽は好きだけど、いいものさえつくれればＯＫというわけじゃない。当然、売れるものをつくらなきゃいけないし、求められるノルマもある。浅沼くんとこのセクションは年間、何十億で、というノルマが与えられて、それを達成しなきゃいけない。レコード会社の社員なんだから、売り上げが伸びれば充実感はあるけれど、もう自分の好みだけで仕事ができる状況ではなくなってくるわけです。

どのアーティストをデビューさせるかについても、好き、嫌いだけじゃ話が進みませんからね。このアーティストのライブはこれだけ人が集まる。手売りでこれだけの

ＣＤが売れる。そういった誰もが納得できる客観的な材料を提示して、しっかりした計算のもとにつくりあげていく。誰かに動いてもらうには、データを示して協力してもらい、契約通りに売り上げをシェアしなければならない。完全にビジネスですよ。

そうなると、音楽をはじめた頃の純粋な気持ちとは違ってきますよね。昔はこれがカッコいいんだからと、好きなことだけやって突っぱってこられたけれど、売り上げを立てなくては、となれば当然葛藤《かっとう》があっても飲み込まざるをえない。

ところが、翔くんに誘われて久しぶりに横浜銀蝿の音楽をやってみたら「ああ、これこれ、この感覚！」って。昔の純粋な音楽の楽しさが一瞬にして戻ってきましたね。

売り上げもノルマも関係ない。自分たちがカッコいいと思える、好きな音楽だけをやれる。60歳を越え、仕事ももうほぼ最後のコーナーに差し掛かった時期ですよ。そんなタイミングで、本当の原点に戻れるなんて。なんだか、神様からこれまで頑張ってきたご褒美《ほうび》をもらったように感じました。

人生の晩年に、音楽の楽しさを思い出させてくれたメンバーに、そしてきっかけをくれた翔くんに心から感謝しています。

再会したメンバーはやっぱり最高だった

タクとはときどき会っていたけど、4人が揃うのは十何年ぶり。本当に久しぶりでしたけど、つくづく「変わらないなあ」と思いました。

嵐さんは翔くんの兄貴で、高校時代に俺が最初にバイトした喫茶店のバイト長でした。俺は皿洗い。嵐さんはコック長みたいな仕事をしてました。あの頃の三つ違いって大きいですからね。嵐さんは神様みたいなもので(笑)、おっかなかったですよ。

嵐さんが脳梗塞で倒れたと聞いたときはショックでしたね。ただ、せっかく回復したのに、相変わらずお酒飲んだり、生活態度は変わらない。人それぞれの生き方だから、口出しはしないけど、自分の身体は大切にしてほしいなと思いますよね(笑)。

まあ、大病の経験もあり、さすがに年齢を重ねただけあって、以前に比べれば少しは丸くなってましたけど、喋りのセンスとか独特のおとぼけ感とか全然変わりはなかったです。あれだけの大病からステージに立つまで回復したんですから、嵐さんが活躍すると、勇気をもらえる人っていっぱいいるんじゃないかと思います。後遺症も平衡感覚以外は大丈夫みたいで、とても脳の一部がない人とは思えない状態です。嵐さんは病気と闘う人たちの希望の星になりますよね。

翔くんは相変わらず銀蝿背負って生きている感じ。柏陽高校1〜2年で同じクラスだったときからずっと感じてることですが、もともと翔くんって、すごく真面目なんですよ。だから逮捕されたと聞いたときも、翔くんに限ってありえないと思いました。見た目はああだけど、芯はしっかりしていて、自分が一番翔くんのことはわかっていたつもりでした。知っているからなおさら、信じられませんでした。「何やってんの」という思いでしたね。

だけど、今回、彼と再び音楽をやるようになって、現役のときとやっぱり変わりないなと思いました。横浜銀蝿40thに真剣に取り組んでいますから。今の彼は、決してあんな事件を起こしたりしない。近くで見ていればわかります。

翔くんとは楽しい思い出がいっぱいありますね。離婚しちゃった元奥さんも、由比ガ浜の駐車場で俺と一緒のときにナンパして知り合った子ですから。鎌倉のダイニングバーで一緒にバイトもしてたし、鎌倉という土地柄、夏休みは女の子がいっぱい来て、あの頃はホント、楽しかったですねえ。

タクは相変わらずポジティブシンキング。昔から見習わなきゃと思っていました。あいつだけはどんなことが起きても絶対悪いほうへ考えない。どんなトラブルに巻き込まれたときも暗くならない。俺もポジティブなほうだと思うけど、タクには到底かなわないですもん。

いつだったか、自己破産したっていうときも、まったく悲壮感がないんですよ。あいつのうちは相当なおカネ持ちで、すごい豪邸に住んでたのに。その家を取られちゃったってときも、飄々《ひょうひょう》としていましたからね。くじけないし落ち込まない。あの破格のポジティブさを俺はとても尊敬しています。

そんな4人ですから、関係は昔とちっとも変わらない。もちろん体力的なことは昔と違うけれど、年齢を重ねて、それぞれ苦労した分、楽しさは倍増してるかもしれませんね。

ある意味、俺だけがサラリーマン人生をまっとうしているので、ほかの3人に比べるとちょっと面白みがないかもしれませんよね。

2020年はきっと人生の集大成になる

3月にはステージに立つわけじゃないですか。そのとき、〝ああ、もっと練習しとけばよかった〟とはけっして思いたくないんです。

だから還暦を越えた今、必死で練習しています。家にいるときは四六時中ギターを触っています。やるだけやって失敗するなら仕方ないけど、やっとけばよかったという後悔だけはしたくありません。

翔くんに誘われてから、まずギターを購入するところからはじめました。それからというもの、家にいる間は、テレビを見ていてもずっと指を動かしてます。久しぶりにギターを練習したときは、シャレにならないくらい弾けなくて、愕然としました。一曲弾いただけで指が疲れて痛くなっちゃうんです。握力も落ちていて、ギター特有の力加減を身体がとうに忘れてしまっていた。今もまだ十分とは言えませんが、再開した頃はここまで戻れるとも思えなかったから少しは上達しています。ようやく昔の勘所を取り戻してきてるところかな。まだまだ一所懸命練習に励みます。

それから、人前に立つ以上、昔のジョニーでなきゃいけないと思い、体重も5kgほど絞りました。もともと太っていたわけじゃないし、ジムにも通っていたけれど、本気度が違う。筋トレして体脂肪を落としたので、今はバンタム級の身体ですよ(笑)。

横浜銀蝿40thに参加すると決めた以上、やれることは目いっぱいやろうと思っています。後悔だけはしたくない。とにかく一年間突っ走る。そのあとの人生についてはまだ何も考えていないです。

横浜銀蝿が俺を更生させた

今こうしていられるのも、横浜銀蝿での経験があるからです。

デビュー前までの自分の生き方は、あまり努力しなくてもそこそこ勉強もできたし、そこそこモテたし、なんでもそつなくこなせたし、それはそれで楽しい青春時代は過ごせていましたが、今思うとチャラかったですね。

横浜銀蝿はデビュー時に2年間でシングル1位、アルバム1位、武道館満タンという大きな目標を掲げてデビューしました。個人的には初めは正直、難しいんじゃないかなと思っていたんですが、メンバー、スタッフみんなが同じ方向を見て、夢をつかむために泥だらけになって、がむしゃらに突き進み、目いっぱい頑張って目標が一つずつ叶っていくと、今まで味わったことのない充実感や高揚感が得られました。生きているという実感がありました。

そんな3年3ヵ月が俺の人生をがらりと変えてくれました。

運よく目標をほぼ達成できたけれど、もし成功しなかったとしても、3年3ヵ月死ぬ気で頑張った日々を、俺らはけっして後悔しなかっただろうと思うんです。決めたら絶対やるんだ、という気持ちでやり切ったのなら、たとえ結果が出なくても、満足したんじゃないかと思います。やり切ったと思えばたとえダメでも次の人生へ清々しい気持ちで踏み出せる。やり切ってないから、未練が残って次のステップに踏み出せない気がするんですよ。

サラリーマンに限らずどんな職業でも、みんながみんな勝ち組になれるわけじゃない。挫折や敗北感にさいなまれるときはそりゃ、誰にだってあります。でも死ぬ気で頑張った体験だけは誰の人生においても必ず大きな意味があるのだと思います。

銀蝿が解散して、俺がソロになったときだって、本当に一所懸命やりました。だけど残念ながら銀蝿ほどの結果は出ませんでした。あそこまでやってもダメだったんだから、しょうがないな。だったらこれから、アーティストの道はあきらめて、制作スタッフとしてレコード会社に入社しよう。これからは自分のためじゃなくて、家族のために生きるんだと、切り替えることができたんです。

もし、やり切った感のない中途半端な頑張り方だったら、うまく方向転換できずに悶々《もんもん》とした日々をひきずることになった気がします。

どんなことも、いったん決めた以上、精一杯頑張る。その結果がたとえダメだったとしても、自分が受け入れるしかない。そう思えるようになったのは、銀蝿の3年3ヵ月の頑張りがあったからこそです。

だから俺はよく「銀蝿やって更生しました」って言い方をするんですが、それが本当の意味なんです。物事に対する考え方、取り組み方、生き方そのものが銀蝿に入ったことで変わりましたよね。

横浜銀蝿は暴走族、不良少年、落ちこぼれの代表格みたいに学校の先生、PTA、それに警察からも嫌われていましたが、実はあの頃の俺たちはある意味では非常に真面目でした。友情とか約束を何より大切にしていたし、女の子に対して、恋愛に関してもいつも真剣だったんです。

銀蝿の3年3ヵ月がすべての原点だった。あれがなかったら俺は大した努力もせずに、ぜんぜん違う人生を歩んでいたと思います。

健康的な暮らしをしています

こうやって話すと40代以降はけっこう健康的な暮らしなのかもしれません。子供の頃大病した分、普通の人より健康には気を遣うほうで、人間ドックも毎年欠かさず行ってます。少し血圧は高めですが薬を飲むほどじゃないし。

日常生活も規則正しいほうじゃないかな。ただ365日お酒は飲みます。お酒はやめられないですよ。横浜銀蝿40thに参加すると決めて、1ヵ月は禁酒、食事制限をして身体を絞りましたが。今はビールは1本まで。あとはウイスキーや焼酎ですね。

基本的に楽しいお酒で、泣いたり怒ったりはしないけれど、酔っぱらって気が大きくなるのか、お酒ではけっこうやらかしますね。全然覚えてないけど翌日娘から「お父さん、きのうこれ買ってくれるって言った」なんて言われて「へ？　そうだっけ」なんてよくあります。ツイッターなども飲んでいるときは変なことを書きそうなんで、自分ではやらないようにしています。いったん部下にメールで送ってからアップしてもらう。お酒飲んで書き込むと炎上しそうなんで。

あとはネットで買い物して、失敗しますね。「お、これ安いじゃん」なんてポチッとして。中古ベンツが届いたこともあって（笑）。確かにそのベンツは値段は安かったけど購入価格とおなじくらい修理費がかかっちゃって、大失敗しちゃいました。

人生はみんな平等だと思うんですよ。いいこともあれば悪いこともある。だけどそれをどうとらえるかは、それぞれの問題ですよね。おなじことでもマイナスに考えたら不幸になっちゃうし。それによく言われますけど人間の一生なんて、地球の歴史から見たら一瞬。「ホントそうだな」って最近よく思うんですよ。どれだけ頑張ってもどうしたって人は200歳までは生きられないのだから、くよくよ考えたってしょうがない。楽しく生きていったほうがいいに決まってると俺は思うんです。

けっして生まれ変わりたくない

よく「生まれ変わったら何になりたいですか?」って質問があるけど、俺は生まれ変わりたくない。もう一回やったら、こんな刺激的な人生は歩めないと思うから。バタフライエフェクトじゃないですけど、何か一つ違う選択をしただけで人生は全然違うものになってたと思うんです。濃霧の箱根峠でもし事故っちゃったら。あるいはキングレコードじゃなくてほかのレコード会社に入社していたら。横浜のただの不良が一生音楽で飯を食っていける人生は得られなかったと思うんです。今生の人生が一番良かったと思っているし、最後の最後、横浜銀蝿40thというご褒美が待ってるなんて本当に俺は幸せだなと思います。

横浜銀蝿40th 座談会

２０１９年12月、神奈川・川崎のライブハウス、クラブチッタでファンクラブ「フォーティース」発足記念集会が開催された。'83年の解散以来４人で演奏する初のライブイベントだ。それからおよそ１ヵ月。いつもリハーサルで使う、都内の某音楽スタジオに集まった４人に「横浜銀蝿40th」の手ごたえを聞いてみた。

横浜銀蝿ライブ「着席スタイル」の件

Ｊｏｈｎｎｙ（以下ジョニー）　川崎・クラブチッタでのライブ、人前で演奏するの三十何年ぶりでしょ。もっと緊張するのかと思ったんだけど、全然緊張しなかった。なんでだろ。

翔　ジョニーはさ、久しぶりに演奏することへの不安と練習してきたっていう自信が半々で、完全に舞い上がってたんじゃないのか？　俺、びっくりしたよ。前説《まえせつ》をジョニーが自分でやるって言い出すから。

嵐　普通、前説って自分たちでやらないだろ（笑）。

翔　最初、キング（レコード）の誰かがジョニーの口調を真似してやるという意味かと思ったら、本人がやるっていうんだからさ。しかもゴルフクラブ持って登場したりして。完全に自分で演出してんじゃん。出てきたときからノリノリのあんなジョニー、なかなか見られないぜ。

ジョニー　アハハ、ノリノリっていう自覚はなかったけど。緊張してリミッター外れちゃってたのかな。でもすごく楽しかった。

TAKU（以下タク）　うん。ジョニーがライブ中に心の底からの声で「楽しいな〜、いや、楽しい！」って言ったとき、俺も大きく頷いちゃったもん。

ジョニー　あと新鮮だったのはお客さんの聴き方。久々に座って聴いてくれるファンの姿を見てちょっと感動したんだ。

嵐　そこは昔のまんま。立ち上がって座席なんか壊したら二度と会場を貸してもらえなくなる、だから銀蝿のライブは座って聴いてもらおう、っていうのが今でもそのまんま。

ジョニー　もちろんそれはわかってる。でも最近のライブって、最初っから総立ち、みたいなのが多いじゃない？　かえって新鮮でさ。

翔　立ち上がるっていっても自分の席から離れるわけじゃないんだから、ホントは立つくらいはよかったんだよ。ただ昔は、放っとくとステージのほうに殺到して大変なことになっちゃうから。

ジョニー　あの頃はルール守ってやらないとコンサートできなくなるって、翔くんがいつもみんなに語り掛けてたもんね。不良だからこそルールは守ろう、って（笑）。ファンの子たちもよく協力してくれてたよね。

翔 いいファンが多かったことには感謝しかないね。

タク そういえば、何も言わなくても25周年、30周年のコンサートでも、みんなやっぱり立たなかったし。

翔 初めてのお客さんの中には途中で立っちゃう子もいるんだけど、周りが立たないから、ああそういうものなのね、って結局座っちゃう。もうファンもみんないい大人なんだから(笑)、強制してるわけじゃないんだけど。

ジョニー うち(ジョニーが社長を務めるベルウッド・レコード)の若い子たちは、観客が座って聴くライブが衝撃だったみたい。でもこれ、いいんじゃないかって。

嵐 言っとけよ、銀蝿じゃ、あれがフツーなんだ、って。

ジョニー うん、でも考えてみたら、そういうカルチャーがファンに受け継がれてるなんてすごいな。そんなバンドほかにないでしょ。そう思ったらすごく誇らしい気持ちになった。

翔 まあ、この前のチッタでは、最後のアンコールのとき「せっかくだから」と

1曲だけスタンディングにして終わったんだけどね。基本的にうちのファンはものすごくマナーがいいんだよ。見た目とのギャップは若干あるかもしれないけど(笑)。

ジョニー ちゃんと音楽を聴きたいときに前の席の人が立っちゃうと、俺の気持ちはどうなるのよ、って思ってたから。最近、年のせいか特にそう感じててさ。

翔 40thではそれぞれが好きに楽しんでもらえればいいんじゃないかな。とはいえ筋金入りのファンはやっぱり座っちゃう気がするけどね。

「ベテランバンドならではの妙技」の件

ジョニー これまでレコード会社で30年、スタッフやってきて、自社、他社含めていろんなバンドをたくさん見てきたけど、客観的に横浜銀蝿40thを見て、やっぱり売れるバンドだなと思ったんだよね。

嵐　そりゃ嬉しいな。

ジョニー　どんなに売れてても、いくら演奏がうまくても、ファンだけしか楽しめないバンドってけっこう多いんだよね。フェスなんかに参加しても、特定のファンしか盛り上がれないと「勝手にやってれば？」みたいな雰囲気になってなかなかうまくいかない。だけど、40thには、ファン以外の人をも楽しませる力がある。初めて聴く人にも一緒に楽しんでもらえると思う。そういうバンドが伸びていくんだよね。

嵐　伸びてくって年じゃないけどな、どう考えても（笑）。

タク　翔さんのMCが、会場の空気をつくっていくよね。知らない人でも、みんな巻き込んで盛り上がれるのは、結局、翔さんの人柄っていうか能力だと思うのよ。その能力、テクニックは、'80年代より明らかに磨かれてる。銀蝿ファンじゃない人ばかりの、いわばアウェーの野外フェスでも、翔さんが出てって「おーいやるぞ」って言うとみんなやるし、盛り上がるもん。

翔　まあ、フェスに来てるお客さんだって俺たちのことを知らないだけで、嫌ってるわけじゃないから（苦笑）。

タク　とはいえ'80年代だったら、メンバーが手を振っただけできゃーきゃー言ってもらえたじゃん。けど今は違う。それこそアウェーな場所に行って演奏したりトークしたりするわけだから、特にフロント役の翔くんのプレッシャーはすごいと思うんだよね。でも何度もイベントに呼ばれたりしてやり続けてきたから、すごく鍛えられたんだと思う。

ジョニー　確かに。初めてのお客さんを巻き込んで

タク　「面白いじゃん。この変なおっさんたち。イケるんじゃね？」くらいの空気にしちゃうわけだからね。それに「三三五拍子やるからな」って言われても、普通なら「え、いったい何それ？」でしょ。自分で言うのもなんだけど、今の横浜銀蝿40thなら、どんなアウェーでも大丈夫。こいつら絶対来るよ、売れるんじゃね？　って思うもん。ツアーが楽しみでしかない。

翔　銀蝿の場合、音楽を聴かせるのと同時に、「集会」と呼ばれるように翔さんの話を聞きたくて来る人も多いんだと思う。そういうお客さんは翔さんのトークを聞いて元気になったり勇気が出たりするわけだから。何を話すかによって、雰囲気もガラッと変わってくるよね。バラードから途中でロックンロールに曲調が変わる「サーファーガール（「お前サラサラ サーファー・ガール おいらテカテカ ロックン・ローラー」）」あるだろ。ジョニーがアルペジオを弾いて、俺が「横浜《ハマ》でひろった～」って歌い出すとき、「タクー！」とか「ジョニー!!」とかまだ叫んでる子がいることあるよね。そんとき俺は「俺が悪い」って思うわけ。会場をコントロールできてないのは俺の力不足だと感じちゃうんだよ。圧倒的なパフォーマンスができてるときってバラードでは会場がし――んとなるんだ。そんなステージづくりの重要な部分は、けっこうトークの流れがつくったりするんだよね。

ジョニー　会場が爆笑してるのにバラードにはいけないもんね。

翔　MCで茶々を入れられたくないときにはそれなりの話し方があるんだよ。声の高さとか声質も意識して変えてる。場数を踏んでだいぶ無意識にできるようになってるけど、やっぱり2000人のお客さんにきっちり思いを伝えるってのは大変だよ。うまくいかないときはどうしたら元の流れに戻せるのか。コンサートマスターとしてはそういう戦いの積み重ねなんだよな。

タク　うん、後ろから見てて、ぎりぎりで戦ってる感じがわかるときがあるよ。でも翔さんがすごいのは強引さばかりじゃないってところ。流れが思惑《おもわく》と違ったときに元のプランにこだわるんじゃなくて新しい流れにスーッと乗ることがあるんだよね。そうすると曲順をいきなり変えたりする。

翔　ああ。予定とは全然違う曲に変えちゃったりするな。心の中ではメンバーに悪《わ》りいな、と思いながらね。

ジョニー　それ、困るなあ。

嵐　俺も困るほうに一票。でもまぁ3月からのツアーまでびっしり練習漬けだから。何とかなるかな。

翔　ま、基本のプランはきっちり決めるから。ただ1時間半以上のライブだからね、何があるかわかんないわけだし。……ま、何があったって大丈夫だって。俺たちなんだから。

タク　いつだったかローリング・ストーンズのドキュメンタリー見てたのよ。そしたらコンサートの幕開け1曲目って、どの曲やるかはキース・リチャーズが最初のフレーズをギターで弾き出すその瞬間まで誰にもわからないってシーンがあった。

ジョニー　へえ。

タク　あそこまでのバンドともなると、そんなことができちゃうんだよね。でも銀蝿もレパートリー的には最初の一音で決まる方式でもできるかもしれないね。ただ、そうなったら……。

ジョニー　いや、やめようよ（笑）。撮影クルーと俺だけは、ほんとに困っちゃうから。

嵐　俺もやめるほうに一票（笑）。

「読み切れない嵐さん」の件

タク　ライブの構成って、こうやるとここで盛り上がる、というのを考えてつくるでしょ。

翔　イントロ一発でライブ会場が「おおー」ってどよめくとか、テッパンでノれる、とかね。

ジョニー　ミーティングのときから、会場の雰囲気まで想像してるよね。ここで翔くんがサビ歌って、俺がギターをこうやって弾きながら前に出てくと、ファンが「ジョニー、きゃー」ってなるだろうとかね（笑）。リハからそういう映像が浮かぶときは、実際のライブもうまくいく。

タク　銀蝿はもう「阿吽《あうん》」の域に達してるから、みんなが同じ映像を頭の中で描いてる気がする。ヒトの頭の中は見れないんだけども。

翔　そのへんは俺的には何の心配もしてない。実際にステージやってて、「今この瞬間ジョニーがこっちのほうに出てきてくれたらすごいことになるのに」と思ってジョニーを見ると、もうこっちに向かって走ってきてるわけ。以心伝心で気持ちが通じたあの瞬間って鳥肌モノだよね。

ジョニー　その快感のために演ってる、みたいなとこもあるし。

翔　そうなるとあとはなにをやっても大丈夫みたいなところまでいく。さっきの話じゃないけどタクも同じなわけじゃん。俺がステージ上で苦労してるときは瞬時に理解して動いてくれる。「やべえ」ってときにスッとタクやジョニーがそばに来たときなんか、やっぱり俺たちって最高だな、って思うよね。

翔 後ろから見てるとわかるよ、そういうの。「おー、翔、いま喜んでるな」って。

嵐 いやいやいや、でも嵐さんだけは読み切れないとこあるんだよなぁ。覚えてる？　昔、俺が頑張ってMCして、雰囲気をつくろうと真剣に喋ってるときに、やらかしてくれたことあったよね。

翔 え？

嵐 俺が熱い語りを入れてるところで、嵐さんがアクエリアスの缶を開けて「カッキーン」って。雰囲気ぶち壊し。一瞬で台無しだよ。

タク のどが渇いたんだよ。

嵐 あー、あったあった。アクエリアス事件。

翔 楽屋に戻ってマジでブチ切れて「なんで、人が真剣に話してるときに、一番いいとこで缶なんか開けるんだよ」って怒ったら、「悪りい悪りい」って軽ーくかわされて。あまりにも反省してないから怒るのも馬鹿馬鹿しくなったんだよ(笑)。

ジョニー そうなの？

タク そう。次のライブでは、飲み物がストロー付きのボトルに変わってたんだよ。あれ、翔さんの怒りのすごさにビビったスタッフが、缶飲料は音が出るからマズいって、わざわざ買ってきてくれたというね。

翔 でも、ライブになって俺が真剣な話をはじめるとまた、後ろのほうでゴソゴソ気配がする。会場の視線が後ろの嵐さんに集まってるんで、おっかしいなあと振り返ったら、嵐さんがストローくわえて「チュウ」って。音立てて飲んでんの、あれわざとだろ。

嵐 ドハハ。わざとじゃねぇよ。俺はステージのあのあたりでのどが渇くことになってんだよ！

「見え方なんてどうでもよくなってる」件

タク　チッタのあと知り合いのライターさんから「ジョニーのいない銀蝿リターンズも見てたけど3人だと頑張りすぎてたんだね」って指摘されて気がついた。ジョニーが戻って4人体制になってみると、3人と4人じゃ物理的にも精神的にも負担がぜんぜん違ってるんだよね。ほら、抜けた前歯に1本差し歯が入るだけで、ほかの歯への負担が軽くなるし……。モノを噛む力だって強くなるし、そっちのほうが自然で楽になるじゃん。

翔　タク、その、差し歯の例え話はどうかと思うんだけど(苦笑)。説得力ないだろ。

タク　だけど、本当にそう思ってて。4人だと無理に頑張らなくても自然体でやれるのよ。だから楽しいんだよね。ジョニーが入ったことで自然にお互いの良い面を引き出せるし、悪い面を補いあえる。バランスが取れてうまく噛み合うようになるのを実感したんだよね。

ジョニー　そう言ってもらえると嬉しいな。

タク　ほら、例えば3人のときに、翔さんがボーカルもジョニーのリードギターソロも両方担当することがあったけど、4人なら翔さんはボーカルに専念できるじゃない。

嵐　タクはそれをずっと言ってたよな。それで3人体制のときは、ジョニーのリードギターを弾くためのサポートメンバーを入れたんだよな。なのに「俺が弾く」ってきかないから……。

翔　いや、彼が技術的には申し分ない、うまいギタリストなのはわかってる。わかってるんだけどさ、ライブで「横須賀Baby」の間奏のソロをジョニー以外が弾いてると、なんでこいつが弾いてんだ、と思っちゃうわけ。だから「ぶっちぎりRock'n Roll」のイントロも「横須賀Baby」の間奏も「そこ、俺弾くわ」って言って、長い間、俺がやってたんだよ。

ジョニー　そうだったの？

翔　俺だって餅は餅屋で、リードギターはほかの奴に任せたほうがいいのはわかってる。実際、俺が弾くより、そいつが弾いたほうが断然うまいし。だけどそういう問題じゃないんだよ。俺はジョニーの音のひとつひとつにこめられた思いを知ってる。だから、その思いが入ってない音が鳴るとイラッとするわけ。だったら、ほかの人に弾いてほしくない。どんなに下手でも「横須賀Baby」の間奏は、ジョニーの気持ちがわかる俺が弾いたほうがいい。そのほうがファンは感動してくれるに決まってる。それで、「横須賀Baby」や「ぶっちぎりRock'n Roll」のリードギターはほかの奴に渡さない！　って頑張っちゃって（笑）。

ジョニー　へえ……。

翔　でも、ある日タクに「いろいろあるだろうけど、リードギターは人に任せたほうがいいよ。その分の気持ちをリードボーカルに集中させたほうが絶対いいから」ってこんこんと説得されたんだよな。それまで何年か意地張ってきたけど、確かにその通り。ようやく俺はジョニーのパートを人に任せることにしたんだ。

嵐　そう言いながらもなかなか手放そうとしなかったけどなぁ(笑)。

ジョニー　そんな話、いま初めて聞いた。でもありがたいよね。感動しちゃったよ。

翔　そんなのいちいち言わないだろ。タクが言うように、実際にプレーもボーカルも両方やろうとすると気が散るのは本当だしね。ただ今回は何のわだかまりもなくリードギターを任せられる。元通りジョニーが自分のギターを弾くだけだからな。

タク　翔さんって、子供みたいなとこがあるよね。

ジョニー　子供っていうより銀蠅らしい、翔くんの男気だよね。

嵐　でもそのサポートをしてくれてたギター、Ｊａｃｋ（以下ジャック）っていうんだけどさ、彼はかわいそうっちゃ、かわいそうだったぞ。

タク　そうだよ。ジョニーのパートをやりはじめてかれこれ20年だからね。彼にしてみたらたまったもんじゃない。20年間ずーっと翔さんから「ジョニーのギターはこうだった、ああだった」って言われ続けて……。あ、でもチッタのライブ前にジャックが俺のところに来てさ、「ずっと、お手本にさせてもらってきたけど、一度も会ったことないんで、ぜひジョニーさんに会ってみたいです」って。だから紹介したじゃん、ジョニーに。初めて会ってすごく感激してたよ。

ジョニー　ああ、彼か。そう聞くとなんか複雑だなぁ。

嵐　そうか、ジャックとジョニーは初めて会ったのか。

タク　うん。今までジョニーは表舞台に出てこなかったから。なのに翔さんは、ジョニーのように弾いてほしいって。そんなのできるわけないじゃん。ジャックは一度も見てないんだし。

翔　確かにな(笑)。実は俺のほうが下手くそなくせに「そうじゃねえんだよ、ジョニーはさ」なんて言っちゃって。挙げ句の果てに「お前が弾けないなら俺が弾く」だもんな。

タク　おいおい、だよね。

翔　そういう時代もあったってことですよ。でも結局、ファンが「もうそろそろ翔くん弾かなくていいんじゃない?」っていうニュアンスになっちゃったわけだし。それくらいジャックが頑張ってくれたってことなんだけど。

嵐　ほら、ドラムって全部を後ろから見渡してるだろ。長いことずーっと見てるとさ、不思議なもんで顔とか見えなくても、後ろ姿でみんなのその日の調子がわかるようになるんだ。ホント、すぐわかる。この前の初ライブは、ジョニーが入って久しぶりに3人が揃った風景だったけど、すげぇいい背中だったよ、3人とも。で、あらためてジョニーがいるわ、って不思議な感じになってな。ワハハ。ジョニーはやけにはしゃいでるなあと思ったけどな。

ジョニー　久しぶりのライブはホント楽しかったね。またこんな素敵な場所に戻れて、本当に嬉しい。みんなありがとね。

タク　うん。ホント、素敵な場所だよね。

翔　俺はさ、横浜銀蝿40thをやりたいってところから、やろうぜって話が進んで、ここまでくる時間がワクワクしっぱなしだった。そんな自分の気持ちに正直に、やりたいようにやる。その分、後には引けないけどね。

ジョニー　ちょっと恥ずかしいんだけど、こんな機会でもないと言えないから言うとさ、俺の中には高校生のときもそうだったんだけど、翔くんに「ジョニーすごいな！」って思われたい気持ちがあるんだよね。高校の同級生で、同じ時間を過ごしたマブダチであり最大のライバルっていうのかな。こうして

40thが始まってからも、昔と同じ感覚だね。「どうよ翔くん、これカッコいいだろ」って見せつけたい気持ちがある。それでいて一緒にいると、俺ら最強だぜ、って気持ちにもなる。昔もこうだったな、って思うんだよね。

タク なんだ、一緒じゃん。ジャックにリードギター渡さなかった翔さんと。

翔 おいおい、褒めあってるみたいでちょっと居心地悪いな。

「この一年をどう生きるか」という件

翔 '80年代に世の中にあった、「おー！　横浜銀蝿だ！」っていう感じをつくれたら最高だと思ってる。ヒット曲を出したいとか、具体的な数字の目標はないけど、ステージに出ただけで圧倒的な存在感を放つ存在でありたい。誤解があるといけないから、念のため付け加えとくけど「威圧感」じゃないからね（笑）。流行りの音じゃないかもしれないけど、世の中に向かってドーンと投げ続ける。イメージだったり声だったり、腹に響くような音圧だったり。圧倒する存在として音楽を届けたい。

タク 俺は〝イタいシニア〟にはなりたくない。自分たちを客観的に見ることができるクレバーさとクールさをもって40thを楽しみたい。時々、大先輩のステージングとか振る舞いを見ててイタさを感じることってあるでしょ。

ジョニー ああ、わかる。若づくりしてるタイプでしょ。若づくりって若さにすり寄っていくからイタいんだよ。むしろ、ほうれい線ってあったほうがカッコいいじゃん、お前らみたいなガキにはないだろう、くらいの自信がないとね。

タク 俺らシニアには若いときにはないテイストがあるはず。でもシニアだからといって枯れ感、渋さ、とも限らない。内から出るパワーとか自然に出てくる自信、とかかもしれない。それをどう出していくのか。にじみ出るものだから出そうと思って出るものじゃないけど、カッコいいシニア像を追い求めてみたいと思ってる。この4人だってそれぞれ違うと思うから、正解はわからないけど、新しいツアーのなかで今後の自分たちにどういうカッコよさがあるのか、探っていきたいんだ。

ジョニー そういう意味ではうちのスタッフが褒めてたよ。翔さんすごいですって。相変わらず声がパワフルで確かにすごいよね。

嵐 俺は身体がボロボロだから、まずは健康回復(笑)。この前ライブやってくたくたになったけど、ツアーのステージ時間はあの3倍になるんだから。心を入れ替えて食生活も見直すことにしたんだ。でもステージが待ってるっていいもんだな。人生、すごくやる気になるよ。

タク この前撮ったプロモーションビデオを見たけど、嵐さんすごいよね、あの当てぶり、やるときゃやるっていうか。熟練の技っていうか、さすがだと思った。

翔 そうそう、ちゃんと嵐さんのことはみんなで支えてやってくから大丈夫だって。

タク うん。もちろんだよ。

翔　ラジオもコンサートもレコーディングもプロモーションの旅もそうだけど、この一年を胸に刻み込める一年にしたい。40thでは俺、本当に楽しみたいんだ。

ジョニー　うん。

翔　俺、'80年代の3年3ヵ月ってあんまり楽しい記憶がなくて。いつもステージのことで追いつめられていたから、「あのときは楽しかったな」っていう思い出が、みんなより少ないんだよ。今日お前は勝ったんだとか負けたんだとか、事務所の社長に言われ続けてたから、毎日が戦いだったんだよな。

タク　翔さんは確かに大変だったよね。

翔　西武球場でやったイベントもそう。会場の雰囲気やファンの姿を楽しんで記憶に残せばいいのに、俺は勝負に出た。会場を完璧に盛り上げてやる！　って必死になって、無理に走り回り、ラストはボロボロだった。その後に出てきたのが、忌野清志郎さん率いるＲＣサクセション。「ＲＣなんかに負けるもんか」とすべてを出しきったのに、スーパーボーカリストの登場で、一瞬にして西武球場はドカーンとなった。全部持っていかれた。清志郎さんは俺たちの倍の時間を、飛んだり跳ねたりして歌いまくってった。悔しかった……。だから40thは楽しい思い出をいっぱいつくる。とことん楽しんで、楽しい記憶を重ねる一年にしたいと思っている。

ジョニー　ホントだね。横浜の不良が、音楽で生きてこられたのは幸せなことなんだから。俺はこの一年は人生の集大成なんだろうと思ってる。死ぬときに2020年が俺の全てだった、って言えるような年にしたい。クリエーティブな部分は翔くんとタクに中心になって進めてもらってるけど、プランニングのところは任せてもらっているじゃない。そのプランナーとしての感覚で言うと、この37年の時間の中で全員がすごい力を培ってきてると思うんだよね。だから正直、もう一回「時代」をつくれるんじゃないかと狙ってる。手ごたえはあるんだ。

BIOGRAPHY

1979年9月21日、「THE CRAZY RIDER 横浜銀蝿 ROLLING SPECIAL」略称「T.C.R.横浜銀蝿R.S.」として嵐(Dr.)、翔(Vo.)、Johnny(Gt.)、TAKU(Ba.)により正式結成。

1980年9月21日、シングル「横須賀Baby」、アルバム「ぶっちぎり」の同時発売でデビュー。シンプルかつ骨太なロックンロールを軸にバラード、さらには社会を風刺したコミカルな楽曲で続々とヒットを飛ばし一躍、時代の寵児となる。ツッパリ、不良という独特のスタイルで、テレビ、ラジオなどでの音楽活動だけでなく、映画、ドラマなどにも出演し活動の場を広げた。日本武道館コンサートの成功、日本レコード大賞特別賞受賞など人気絶頂のなか、デビューからわずか3年3ヵ月後、1983年12月31日にスピード解散。その後は各メンバーが独自の活動を続けつつも、横浜銀蝿を母体に25周年、30周年、35周年など節目でのライブやCD・DVDの発売を行ってきた。しかしいずれの活動にもJohnnyが不参加だったことからオリジナルメンバー4人での活動が心待ちにされてきた。2020年、1年限定でJohnnyが復活しての活動再開。「横浜銀蝿40th」として、2月19日にオリジナル&ベストアルバム「ぶっちぎりアゲイン」をリリース。3月7日の横浜市教育会館を皮切りに全国7会場でのコンサートツアーを敢行。夏以降もフェスへの参加、ホールコンサートなどを予定している。

活動詳細は「横浜銀蝿40thオフィシャルサイト」(https://ginbae40th.com/)まで。

写真　山本遼　水野昭子　渡辺充俊(講談社写真部)
取材・文　増田明代
造本・装丁　清水絵理子(キトミズデザイン)

ぶっちぎり最終章《さいしゅうしょう》

2020年2月19日　第1刷発行

著者 —— 横浜銀蝿《よこはまぎんばえ》40th《ふぉーてぃーす》

発行者 —— 渡瀬昌彦

発行所 —— 株式会社 講談社
〒112-8001 東京都文京区音羽2-12-21
TEL 編集 03-5395-3400
販売 03-5395-4415
業務 03-5395-3615

印刷所 —— 大日本印刷株式会社

製本所 —— 大口製本印刷株式会社

ISBN978-4-06-519046-3